CB021622

Dados Internacionais de Catalogação na Publicação (CIP)
(Câmara Brasileira do Livro, SP, Brasil)

Rochester, Jonh Wilmot, Conde de (Espírito).
O elixir da longa vida / J.W.Rochester;
[psicografia da médium mecânica] Wera Krijanowsky;
[traduzido da versão francesa para o português por Edith Nóbrega
Canto Ibsen]. --7.ed. -- Catanduva, SP: Boa Nova Editora

ISBN 85-86470-14-7

Índices para catálogo sistemático:
1. Ficção mediúnica : Espiritismo 133.93

00-3748 CDD-133.93

Índices para catálogo sistemático:
1. Contos espíritas 133.93

Impresso no Brasil/*Presita en Brazilo/Printed in Brazil*

O ELIXIR DA LONGA VIDA

J. W. Rochester

psicografado por Wera Krijanowskaia

Instituto Beneficente Boa Nova
Entidade coligada à Sociedade Espírita Boa Nova
Av. Porto Ferreira, 1.031 | Parque Iracema
Catanduva/SP | CEP 15809-020
www.boanova.net | boanova@boanova.net
17 3531-4444 | 17 99257.5523

11ª edição
Do 19º ao 22º milheiro
3.000 exemplares
Novembro/2024

Capa e Diagramação
Juliana Mollinari

Revisão
Mariana Lachi
Maria de Lourdes Pio Gasparin
Ana Rael Gambarini

Tradução
Edith Nóbrega Canto Ibsen

Coordenação Editorial
Ronaldo Azevedo Sperdutti

Impressão
Gráfica Paulus

O produto da venda desta obra é destinado à manutenção das atividades assistenciais da Sociedade Espírita Boa Nova, de Catanduva, SP.

Sumário

Prefácio

John Wilmot, Conde de Rochester, foi um poeta satírico inglês, de vida dissoluta e vasta cultura. Morreu aos 33 anos. Em espírito, Rochester ditou à médium Wera Krijanowskaia, entre 1882 e 1920, 51 romances, muitos dos quais já traduzidos para o português.

Sua temática começa pelo Egito faraônico, passando da Antiguidade greco-romana à Idade Média, vindo até o século XIX.

Nos romances de Rochester, a realidade navega num caudal fantástico em que o imaginário ultrapassa os limites da verossimilhança, tornando naturais fenômenos que a tradição oral cuidou de perpetuar como sobrenaturais. Ele revela o inaudito, o ilidível, os pontos abissais da história, da lenda e do *pathos* humano.

Rochester é um analista que sincretiza a História com as paixões humanas, assentando-as numa narrativa bem articulada, em que o insólito é uma das invariantes que assinalam seu estilo, sem, contudo, compor uma receita de entretenimento ligeiro, subordinada às fórmulas de mercado que orientam os romances populares.

Aceitando ou não a obra de Rochester como psicografia, veremos que sua proposta de veridicidade afina-se com o ideário realista: a preocupação com a verdade, não apenas verossímil, mas autêntica, através da observação e da análise.

A referencialidade de Rochester é plena de conteúdo sobre costumes, leis, antigos mistérios e fatos insondáveis da História, sob um revestimento romanesco, em que os aspectos sociais e psicológicos passam pelo filtro sensível de sua hiperbólica imaginação.

Em sua recriação da realidade, nenhum detalhe é desprovido de interesse; atentando para o seu virtuosismo descritivo, observa-se que certas passagens constroem-se sobre um derramamento estilístico de inclinação romântica.

Os parênteses descritivos de Rochester ora precipitam, ora retêm o curso narrativo, verticalizando e esquadrinhando microscopicamente os espaços físico e psicológico. Ao lado da exploração dos dados emocionais, o autor ajusta as causas que determinam o comportamento humano e, por isso, nenhuma atividade dos personagens é gratuita. Quanto à ação moral a que se propunham os realistas, Rochester oferece indícios quando induz o leitor à reflexão, repelindo simplificações moralizantes e antiéticas sobre o bem e o mal.

Apesar de suas peculiaridades metafísicas, estéticas e sociais, o valor romanesco de Rochester apenas, aparentemente, tangencia os atrativos dos textos folhetinescos, como o caráter informativo, que transparece em digressões metalinguísticas, apontando desvãos históricos ou traduzindo fenômenos singulares apoiado em bases científicas.

Enquanto os mitos persistem no produto folhetinesco, Rochester invalida-os em suas obras, redefinindo, por exemplo, figuras legendárias como José e Moisés, ultrapassando as crônicas que os sacrilizaram, numa escritura que combina a epopéia e o drama.

Rochester, na linha da imaginação romanesca do século XIX, aproxima-se do "romance total" que enfeixa o drama, o diálogo, o retrato, a paisagem, o maravilhoso, apenas desviando a temática da força mítica do herói para um passado mais longínquo que a Idade Média (o espaço eleito para a fuga dos românticos), transformando seu texto numa espécie cujo conteúdo fabulativo tem permanência e atemporalidade ao abrir-se à inexorável e precária condição mortal do homem.

A classificação de gênero em Rochester é dificultada por sua expansão entre várias categorias: terror gótico com romance sentimental, sagas de famílias, aventuras e incursões pelo fantástico. Sob uma natureza criadora e fundadora, o autor revela os arcanos desconhecidos e apropria-se do que parece reiterativo, reinaugurando textos segundo leis próprias, em que as relações internas (tempo, espaço, personagens, estilística) compreendem o conteúdo estético, e o inventário histórico, a recuperação do real, as questões metafísicas e filosóficas constituem o conteúdo ideológico.

Sem remanejar fórmulas, Rochester vai revendo a espacialidade e atemporalidade, empreendendo uma viagem ao enigmático, numa pluralidade de fatos revisitados na memória. A complexidade da transmigração de um determinado grupo de espíritos que se reencontram em sucessivas reencarnações no plano literário converte-se numa migração de personagens de uma obra à outra.

Pode-se dizer que sua literalidade atualiza ou reinterpreta questões universais, como os conflitos de poder e a formação de valores, fazendo uma fusão do real e do imaginário, numa atmosfera trágica, cabendo ao leitor o esforço de preencher os vazios significativos (sobretudo quanto às leis de causa e efeito), um dos atributos que um texto artístico apresenta em sua contextualização do real.

Assim, do ponto de vista linguístico e estético, Rochester produz um discurso literário e, do ponto de vista referencial e historiográfico, reproduz uma realidade.

Percorrendo a narrativa de Rochester, observamos que ela alterna capítulos de maior ou menor tensão, sem que essas polaridades se deem de forma a entender o romance. Organizada fora da sequência temporal linear, a fragmentação narrativa mantém a expectativa do leitor.

Sobre os personagens de Rochester, pode-se dizer que eles não existem a serviço do enredo ou para sustentar uma tese de ordem moralizante e criadora de identidades: eles pertencem a uma narrativa que sonda episódios históricos com instrumental literário, de modo a não perder seus referenciais sob arranjos ficcionais (o que redundaria em personagens moldados consoante o público que se pretende atingir, um dos paradigmas do folhetinesco).

Nas narrativas folhetinescas, o herói é corajoso, sedutor, romântico, apresenta caráter nobre, gestos solidários, redentores e justiceiros. Até os traços físicos correspondem à luminosidade do personagem: olhos claros, beleza diáfana, viril. Tipicamente ele se associa a animais como a águia e o leão, para combater bichos noturnos – a serpente, a aranha, o dragão.

José, o herói de "O Chanceler de Ferro", apresenta-se fisicamente como um herói solar: olhos verdes, alto e belo; porém é caviloso, dissimulado, cruel, despótico, narcisista e covarde. O bicho com que ele se identifica é a serpente, pois é através de um bizarro ritual com esse réptil que José se torna um iniciado na prestigiada arte de leitura de sonhos, além de poder produzir sortilégios e defrontar-se com a enigmática esfinge.

Rochester põe o leitor em contato com a forma inaugural do mito, no que diz respeito ao enigma da Esfinge (surgida de um quase delírio) e suas associações reveladoras, fazendo emergir sentidos que ultrapassam o valor expressivo e denotativo do fenômeno, irrompendo no leitor o fascínio de seus segredos.

A gênese do lendário e do maravilhoso deita raízes nas narrativas populares, que passaram da primitiva oralidade à literatura moderna por meio de um manancial de textos, de origem anônima ou coletiva, provenientes do oriente e dos celtas.

No fim do século XIX, manuscritos egípcios de 3.200 anos (mais antigos que os textos indianos) foram encontrados em escavações na Itália, pela egiptóloga Mrs. D'Orbeney. Nesses manuscritos está o texto-fonte do episódio bíblico "José e a mulher de Putifar", cuja trama Câmara Cascudo sintetizou.

Rochester, em "O Chanceler de Ferro", enriquece com detalhes esse episódio, sem recorrer a soluções de modernidade. Revelando as matrizes da depreciação da imagem feminina, que as narrativas populares encarregam-se de difundir, ele adentra os meandros que conduziram a mulher de Putifar a ser acusada de traição.

Quando se refere aos judeus, em três de suas obras Rochester levanta os preconceitos que consolidaram muitos dos estereótipos que lhes são atribuídos, numa pesquisa da tradição judaica e das marcas que acompanham seu povo há muitos séculos, tendo sido ele próprio um judeu. Algumas observações valorativas do autor seriam apenas juízos preconceituosos se não fossem fundamentadas em fatos que estigmatizaram o povo judeu.

Quanto ao foco narrativo, a obra de Rochester, ora por intermédio do narrador onisciente, ora por meio de narradores nomeados, apresenta diferentes versões de um fato, segundo as perspectivas e licenças individuais de quem as protagonizou.

Dessa forma, em romances como "O Faraó Mernephtah", "Episódio da Vida de Tibério" ou "Abadia dos Beneditinos", uma determinada ação vivida por vários personagens é captada sob diversos ângulos pelo leitor: o enfoque de cada narrador oferece uma observação material e subjetiva, traduzindo suas distâncias interiores, sua vida psíquica: cada qual se define, bem como as cenas que protagonizou, conforme as experimentou.

Assim, por exemplo, vemos em "Episódio da Vida de Tibério" o depoimento de quatro personagens. A narrativa se constrói sob diferentes repertórios, num movimento dialético de fragmentação (por parte da narrativa) e síntese (por parte do leitor). Essa tensão dialética abre-se à co-participação do leitor, que filtra a leitura através de seu repertório próprio, de suas projeções e idiossincrasias, produzindo um meta-enredo que se renova a cada leitura e modifica-se de um leitor a outro.

Os pontos de vista em Rochester são construídos a partir de visão por trás e visão com, segundo a definição de Jean Pouillon. O saber do narrador é ostensivo: ele tudo sabe sobre a intimidade dos personagens, apropriando-se deles e de suas atitudes. Essa cobertura totalizante atendia a uma preferência dos leitores do século XIX, ávidos pela densidade dos fatos.

Como narrador onisciente, ele projeta sobre os elementos físicos e psicológicos sua linguagem perita, verticalizando os traços exteriores e interiores, compondo imagens dinâmicas e estáticas, por meio de metáforas, antíteses, hipérboles, polarizando no texto a fluidez e o congelamento de cenas com o mesmo impacto.

Os personagens e o narrador sofrem uma simbiose de seus estados mentais, vivendo um pela palavra do outro. Seu efeito de realidade não se expressa em sua autoridade de narrador, e sim em sua capacidade literária de reconstrução, de investigação, possibilitando novas interpretações, permitindo que a ficção e a realidade se confundam na relatividade das vozes de seus personagens, tocando a visão positivista do século XIX, em que a história conta-se a si mesma, espelhando o mundo real pela linguagem.

Sua exaltação sensorial apreende o mundo com os olhos do realista, não apenas sentindo, mas vendo, apalpando, experimentando, levando o leitor a perceber que a sensação é elemento fundamental no conhecimento do mundo.

Entre poeirentas planícies, templos místicos, arenas sangrentas e furnas hostis, Rochester atualiza, com os matizes de uma pintura, os ignorados espaços da

História. Seu empenho pictórico opõe o descritivismo funcional do Realismo ao descritivismo decorativo do Romantismo, num compromisso do senso real com a imaginação.

Nos textos de proposta realista, o testemunho subjetivo-individual romântico cede lugar ao depoimento objetivo e crítico, julgando os fatos com base nos valores condicionados socialmente, impulsionados pelo pensamento científico e econômico.

Rochester surge justamente num período de crise da representação da arte e da fragmentação do indivíduo que, como sujeito textual, não confere mais com o ideal pleno do herói, pondo em dúvida os valores absolutos.

Por ser depositária de preceitos espíritas e levantar questões meta-físicas com competência, a fruição na obra de Rochester transcende a cotação da sensibilidade e o julgamento do gosto: o leitor divide-se entre o prazer da expansão subjetiva do autor e o ceticismo diante da objetividade dos laivos filosóficos, científicos e históricos que, se não surpreendem pelo real, surpreendem pelo fictício.

Seu universo imaginário é um excedente do real, atestando fenômenos produzidos pelo homem, desnudando mitos e decifrando enigmas. A combinatória desses elementos pelo jaez de sua escritura é que permite o trânsito de Rochester para além da literatura espírita, possibilitando que seus romances encerrem uma sobreposição de textos que lhes dá um estatuto ora documental, ora ficcional, ora fantástico.

Thais Montenegro Chinellato

Capítulo I

Nos arredores da cidade de Londres erguia-se antiga edificação, ainda sólida e com um grande jardim. A casa remontava à época de Cromwell e guardava o aspecto severo e puritano daquele século.

No terceiro piso vivia o Dr. Ralph Morgan, como indicava pequena placa de cobre sobre uma porta escura de carvalho envelhecido. O apartamento do doutor era formado por um vestíbulo, sala de jantar, escritório e dormitório. Cada um desses aposentos, simples, mas confortavelmente mobiliados, possuía uma vantagem muito preciosa para o morador: as janelas davam para o jardim. O doutor amava a calma e o ar livre, preferindo uma longa caminhada a pé, mesmo com mau tempo, à vida agitada e ruidosa no centro da cidade, com seus telhados e chaminés de aspecto triste e sombrio.

A noite de agosto estava bela e calma, e a janela da casa permanecia aberta. Sob a luz de um abajur verde, sentado a uma escrivaninha, o doutor lia um grosso volume de capa desgastada pelos anos. O Dr. Morgan, com seus trinta e poucos anos, poderia passar por um belo homem, não fosse a espantosa magreza e palidez que prejudicavam sua imagem. Era de alta estatura, cabelos espessos e castanhos com reflexos avermelhados, e usava barba curta e ligeiramente mais escura que emoldurava um rosto de traços regulares. Seus grandes olhos, severos e pensativos, exibiam coloração peculiar: cinza-azulados nas horas calmas e mais escuros nos momentos de agitação. Aquele olhar de extraordinária mobilidade refletia de imediato o menor sentimento interior.

Tudo anunciava em seu escritório que Ralph era um homem de estudos, sábio e laborioso; a vasta biblioteca, com as estantes repletas de livros e brochuras que tratavam não somente de medicina, mas de todos os assuntos tocantes aos diversos ramos do saber humano.

O doutor atirava-se livremente a suas leituras e trabalhos pessoais, pois quase não recebia clientes, retirando seu sustento de um emprego bem remunerado num sanatório para doentes mentais.

Essa situação modesta satisfazia-o, visto que sua saúde delicada o obrigava a um gênero de vida tranquilo e regular; mas o médico aproveitava seu tempo livre para aprimorar sua já brilhante inteligência. Não era em vão que se debruçava dia após dia sobre um insolúvel problema: a loucura.

O contato incessante com o mal incompreensível, escapando às pesquisas científicas, impelia o doutor a rasgar o véu do mistério; mas era inútil percorrer as obras de ciência prática e as obras místicas e alquimistas; nem o trabalho de sábios psiquiatras, nem as fórmulas obscuras de Paracelso haviam-lhe dado a chave do segredo.

Por vezes, após inúteis esforços para solucionar o enigma – solução que fugia sem cessar de sua mente – a cólera o invadia. E, muitas vezes, após infrutíferas tentativas para descobrir meios de sanar as moléstias do espírito, o doutor deixava-se penetrar pela revolta contra as leis cruéis, envoltas em mistérios que ocultavam a chave da cura.

Deixando de lado o volume que lia sobre hipnotismo, o doutor olhou friamente sua mão segurando um marcador de livros feito de marfim e estremeceu ao imaginar aquela mesma mão repousando sobre seu peito inerte.

– ... Sonhas, meu jovem amigo – lhe dissera um velho professor, seu antigo mestre, após o ter examinado algumas semanas antes. – Seu coração está doente e os pulmões, lesados. Você tem necessidade de um completo repouso físico e intelectual, caso contrário...

Ralph suspirou profundamente; ele compreendia o significado dessas últimas palavras. Como médico sabia o que representavam as dores no peito, os batimentos desordenados do coração, a respiração difícil, a fraqueza e a tosse seca que lhe fazia chegar sangue à boca. Fechando as pálpebras, deixou que o medo da morte lhe invadisse lentamente o espírito.

A angústia e o temor desse "não ser" se aproximando lhe oprimiam o coração. Não existiria algum meio de prolongar a vida e interromper a desagregação do corpo?

Inesperadamente se recordou de uma leitura em um livro sobre ocultismo:

"O elixir da vida existe, mas seu segredo está perdido"; os alquimistas o haviam buscado em vão nos órgãos e no sangue das virgens, crianças e animais, nas plantas e na atmosfera. No entanto, os livros de magia falavam desse elixir como uma realidade irrefutável. Ah! se fosse possível encontrar esse fluido vital, força poderosa e imperceptível que anima os seres vivos e organizados, desde os mais elementares até os mais complexos...

Um toque breve e forte da campainha rompeu o curso de seus pensamentos agitados. Ele endireitou-se; aguardando, mas o velho Patrick, seu único criado, devia, sem dúvida, dormir profundamente, visto que ruído algum se ouviu na sala de entrada.

A campainha soou uma segunda vez. Ralph levantou-se; talvez algum vizinho doente mandava chamá-lo.

Isso raramente acontecia, mas a possibilidade ainda assim existia.

Como Patrick não dava sinal de vida, ele abriu a porta.

Um homem de boa estatura postava-se à porta, vestindo um abrigo escuro e chapéu de feltro de abas largas, trazendo consigo uma pequena caixa de prata cinzelada.

– É o Dr. Morgan com quem tenho a honra de falar? – perguntou o desconhecido com voz grave e sonora.

– Ele mesmo... estou às suas ordens.

– Nesse caso me permita entrar, pois devo tratar de assunto muito importante e que particularmente muito lhe interessa.

Sentaram-se e um breve silêncio se fez.

Ralph examinava seu visitante com curiosidade. Ele parecia ter entre 35 e 40 anos, e, ainda que bem saudável e forte, mostrava-se nesse momento visivelmente pálido e fatigado. Todavia, nenhuma ruga lhe sulcava a fronte, nenhum fio de cabelo branco se distinguia em sua cabeleira espessa e negra como a asa de corvo.

Seu rosto de feições helênicas poderia servir de modelo a uma obra de Fídias.

Pensativo, o estranho homem fitou os livros empilhados sobre a mesa de trabalho e em seguida ergueu sobre Ralph seus grandes olhos negros, de forma suave.

– Procura o elixir da vida e gostaria de possuí-lo...

– Quem é você que conhece meus pensamentos? – balbuciou Morgan, saltando da poltrona.

O misterioso visitante sorriu e falou:

– Sente-se e nada tema; não sou o diabo, como supôs. Sou um homem como você e entre nós uma única diferença existe – você deseja viver, enquanto eu desejo morrer. Você viveu muito pouco e eu já vivi muito; desejo adentrar o espaço infinito... e vim lhe propor a permuta. Você dispõe da morte e eu da vida. Entregue-me uma só gota de seu sangue e em troca eu farei de você o senhor do Elixir da Longa Vida. Está de acordo?

O doutor olhava o desconhecido com inquietação. Sem dúvida alguma estava em presença de um louco, mas não teve tempo de refletir o que fazer então. Seu hóspede deu uma gargalhada, tão grande e alta que Ralph se sentiu desconcertado.

– Você está pensando que eu estou louco e está pensando em como se desembaraçar de uma visita desagradável – disse o estranho com benevolência. Tranquilize-se, meu jovem amigo, tenho lá minhas razões. Mesmo que minhas palavras sejam inverossímeis, elas representam a imutável verdade. Eu possuo – de verdade – o Elixir da Longa Vida. E agora, falemos seriamente. Desde longo tempo procuro o homem a quem poderia transmitir meu conhecimento e o mistério de minha existência; mas todas minhas procuras eram sempre vãs. Estudei sua vida, seu caráter, suas aspirações, conheço suas dúvidas e a sede de conhecimento que o atormenta. Concluí ser você o mais capaz de recolher minha herança. Diga-me, francamente, então: gostaria de viver eternamente?

O jovem médico enrubesceu e endireitou-se:

– Certamente que eu quero! Mas duvido que possa me dar o que promete... Quão grande glória seria a sua se fosse verdadeiramente dono do meio de conservar a humanidade terrestre!...

– Por que você pensa que, possuindo o segredo da vida longa, eu desejo aproveitar para atulhar este planeta de milhões de seres sem necessidade nenhuma? Os benfeitores da humanidade são raros e duvido que eles aceitem utilizar meus meios. Agora, eis minhas condições: eu quero de você um pouco de seu sangue... nele já existe o sopro da morte. Você é médico e sabe disso; o estado de seu coração e de seus pulmões não tem cura pelos métodos conhecidos. Em troca desse sangue que me ajudará a morrer eu lhe darei o Elixir da Longa Vida. Uma gota dele posta num frasco pequeno é o suficiente para curá-lo e tornar sua vida quase eterna. Nunca toque no restante do elixir. Tome cuidado em não revelar a ninguém seu segredo; não se deixe arrastar pelo desejo de povoar a terra de seres imortais. E ainda uma palavra: Dando-lhe o Elixir da Longa Vida eu lego-lhe também meu conhecimento, minha fortuna e meu nome. Agora decida: quer ser meu herdeiro? Vou lhe dar dez minutos para refletir.

Ralph estava estupefato.

Os pensamentos turbilhonavam em seu cérebro provocando em sua cabeça uma dor aguda e a emoção fortíssima cortava-lhe a respiração. Subitamente, encontrando o olhar inteligente e enérgico do desconhecido, a calma e a decisão voltaram-lhe.

– Aceito. Disponha de mim – disse ele se levantando e estendendo a mão ao estranho visitante que, apertando a mão estendida-se, levantou também.

– Nesse caso deverá partir imediatamente comigo.

– Por muito tempo?

– Isso dependerá das circunstâncias. De acordo com as probabilidades, por algumas semanas.

– Nesse caso, peço-lhe que me conceda um quarto de hora a fim de fazer os preparativos e dizer a meu criado que parto a negócios de herança.

– Muito bem! Aguardarei na escada.

Em instantes Ralph colocou algumas roupas numa valise, além de dois ternos. Em seguida despertou Patrick, deu-lhe ordens necessárias e entregou-lhe dinheiro para as despesas.

A seguir se juntou ao desconhecido.

Desceram silenciosamente a escada e tomaram assento num automóvel que os esperava e seguiram para a estação ferroviária onde embarcaram no trem para Dover.

O estranho ocupava uma cabine reservada; assim que o trem partiu, convidou Ralph para jantar. Mas o jovem ainda estava excessivamente dominado pela agitação interior e não sentia apetite algum.

Seu companheiro dirigiu-lhe gracejos tão divertidos, abrindo um cesto cheio de iguarias, que o doutor se acalmou pouco a pouco, comeu e bebeu do melhor vinho, decidindo-se afinal a perguntar a qual estranho lugar o conduzia.

– O Continente... e depois verá por si mesmo, respondeu o desconhecido com leve sorriso.

A viagem durou vários dias e os viajantes não se detiveram em parte alguma, já que isso não lhes convinha.

Mas o percurso transcorreu em condições de conforto tais, que Ralph, malgrado sua moléstia, não experimentou nenhuma fadiga.

A certa altura percebeu ser o fim da viagem – o cantão Valais, na Suíça. Detiveram-se numa aldeia isolada ao pé do Monte Rosado.

E o misterioso companheiro de viagem anunciou ao doutor que na manhã seguinte eles empreenderiam a ascensão da montanha.

Ralph ficou muito surpreso, mas não formulou nenhuma observação, pois estava decidido a se arriscar inteiramente naquela aventura. Como não vivê-la até o fim?

Na manhã seguinte, após se vestirem com trajes de alpinismo, os viajantes puseram-se a caminho.

Assim que atingiram os primeiros cimos e que o ar se tornou mais frio, o desconhecido perguntou sorrindo:

– Seremos obrigados a passar a noite no gelo. Não tem medo de congelar, meu amigo?

Ralph encolheu os ombros e respondeu:

– Espero suportar o frio como qualquer outro homem, e visto que meu corpo já definha lentamente, não me importa morrer um pouco mais cedo ou mais tarde. Além disso, se você não é louco, e minha vida lhe é necessária, não me deixará morrer.

– Sua coragem chega ao estoicismo e isso me agrada. Tem razão – sua vida me é preciosa, e para o livrar de toda fadiga inútil, tome estas pastilhas e não sentirá nem frio nem cansaço.

Vendo que Ralph hesitava, acrescentou com ligeira dose de ironia:

– Chupe as pastilhas. Elas não contêm ainda o elixir da vida e não passam de narcótico que lhe dará forças.

Prosseguiram no caminho.

Embora se tornasse mais difícil caminhar, eles já atingiam os limites das neves eternas. O desconhecido não aparentava nenhum cansaço; Ralph admirava-se por sua própria resistência e sentia uma energia fortificante correr em suas veias.

Passaram a noite numa cabana vazia e puseram-se novamente em marcha aos primeiros raios da alvorada.

O doutor já havia esquecido o tempo decorrido desde o início da escalada da montanha. Haviam atravessado a geleira, ladeado precipícios e escalado alturas verticalmente; era evidente que se haviam desviado do caminho habitual dos turistas e penetravam numa parte pouco explorada daquela solidão nevada.

O estranho avançava com uma segurança que demonstrava perfeito conhecimento do caminho. Após ter contornado uma elevação, atingiram repentinamente um local rochoso e deserto. O caminho continuava de um lado por pequenos degraus regulares que pareciam ter sido escavados por mão humana e terminavam numa profunda caverna.

Concluindo a perigosa descida, os viajantes

depararam com outra geleira e após um quarto de hora de andada, chegaram à entrada de larga gruta iluminada por luz azulada.

Foi com sentimento de curiosidade e angústia que Ralph ali penetrou com seu companheiro. Sua surpresa aumentou quando percebeu uma parede de pedra lapidada que deslizou sem ruído sobre eixos invisíveis, assim que o companheiro apertou um botão luminoso, oculto numa das aberturas da parede.

Um corredor estreito, cavado num rochedo, se lhes abriu. O desconhecido girou um comutador incrustado numa parede e imediatamente a luz elétrica aclarou toda a passagem.

– Vocês têm eletricidade aqui? – balbuciou Ralph, cujos olhos não podiam acreditar no que viam.

– Meu Deus! Por que não utilizar as invenções da indústria moderna a fim de aumentar o conforto desta moradia do Elixir da Longa Vida? Estamos na terra que pertence a Ele e Seus agentes – respondeu o misterioso guru de Ralph com um alegre sorriso.

Na extremidade do corredor, o doutor percebeu uma escada em espiral, dando numa plataforma onde se abriam muitas portas. O desconhecido empurrou uma delas e ambos se acharam numa projeção de rocha em forma de terraço. Uma vista magnífica estendia-se ali e Ralph, não se contendo, soltou um grito de entusiasmo.

Daquela altitude formidável, descortinava-se uma paisagem mágica. Os rochedos, as planícies nevadas e as crateras profundas pareciam se perder na bruma purpúrea dos raios do sol poente. Ao longe, os campos e prados verdejantes estendiam-se gigantescos, verdes como esmeraldas.

E naquele instante pareceu a Ralph que jamais se sentira tão forte, a terra nunca lhe parecera tão bela e a vida tão desejável.

O desconhecido cruzou os braços sobre o peito e contemplou aquela vista esplêndida com um olhar triste e pensativo.

Um instante depois, passou a mão sobre a fronte como se quisesse expulsar os pensamentos inoportunos e, voltando-se para Ralph, disse:

– Vamos, é tempo de recobrar forças... nós conversaremos em seguida sobre nossos negócios.

Retornaram.

Após ter mostrado ao doutor os segredos da saída, abriu a porta oposta e conduziu Ralph a uma sala circular de tamanho médio.

Um fogo resplandecente ardia na lareira e uma agradável aragem reinava no ambiente.

Ralph examinou curiosamente ao derredor. As paredes estavam inteiramente forradas com tapeçarias orientais de coloração escura. Espesso tapete recobria todo o assoalho. Contra uma parede postava-se um móvel de portas cinzeladas e noutra ainda havia grande mesa de trabalho cheia de livros e pergaminhos. Ainda na sala encontravam-se algumas cadeiras em estilo antigo, incrustadas de ouro e marfim, ao centro uma mesa posta para dois talheres. Perto dela achava-se um grande candelabro.

O desconhecido anfitrião colocou pequeno cofre sobre a mesa e acendeu velas.

A seguir retirou de um móvel várias garrafas de vinho, um grande bolo, frutas e convidou seu hóspede a se sentar à mesa.

A extraordinária caminhada havia despertado o apetite de Ralph.

Logo que os dois saciaram a fome, o anfitrião arrastou sua cadeira até a lareira e convidou o doutor a fazer o mesmo.

– É chegado o momento de estudar com seriedade, em detalhes, o assunto que nos trouxe até aqui. Há muitos séculos eu também me encontrava sentado nessa cadeira que ora você ocupa e ouvia com angústia e emoção a história da vida de meu predecessor. Agora é a sua vez de ouvir a narrativa de minha vida passada. Meu nome oficial é Naraiana Supramati, e sou um príncipe hindu. Recebi de quem me legou o Elixir da Longa Vida o nome bem como todos os documentos legais e privilégios que os títulos conferem. Meu verdadeiro nome é Arquezilai; nasci em Alexandria, no reinado de Ptolomeu Lages, que governou o Egito após a morte de Alexandre, o Grande. Meu pai, Clonius, servia nas forças comandadas por Lágide, e ligou seu destino ao de seu chefe.

Ptolomeu, após se tornar soberano do Egito, recompensou largamente meu pai e elevou-o a um posto de muita altura na corte. Chafurdei-me no luxo e me perdi numa vida indolente, voltada unicamente aos prazeres que meus pais me proporcionaram na qualidade de filho único.

Perdi meu pai aos 25 anos. Aproveitei-me disso para levar uma existência desregrada, dissipei toda minha herança em cinco anos. Certa manhã acordei pobre e doente.

Os amigos que sempre compareciam às minhas festas, as mulheres que disputavam entre si meus galanteios e os parasitas que se aproveitavam de minha generosidade, todos me abandonaram...

Fiquei só e sem dinheiro e certamente teria morrido de fome, não fosse por um antigo soldado que serviu a meu pai; ele me acolheu e me cuidou. Chamava-se Merion. Assim que me encontrei em condições de caminhar, deixamos Alexandria e partimos para uma pequena propriedade herdada por Merion, meu benfeitor.

Uma nova decepção ali nos aguardava. O pedaço de terra situava-se nos limites do deserto e mal poderia nos alimentar. A casa era um casebre semidestruído. Apesar disso, Merion não queria, de forma alguma, retornar a Alexandria. Era um homem silencioso e misantropo.

Nada protestei quando ele escolheu viver em uma gruta e ajudei-o no trabalho que nos permitia viver muito modestamente.

O ar puro e o trabalho me devolveram a saúde e essa vida nova me absorvia completamente. Passados quatro anos, Merion faleceu e fiquei só; a solidão me veio amarga e afinal se me tornou intolerável. Eu me lembrava de minha vida antiga, cheia de luxo e conforto, a sociedade elegante e culta – e me senti irresistivelmente atraído àquele mundo de onde havia sido expulso para sempre. Uma angústia cruel se apoderou de mim. Dia após dia a vida se tornou mais detestável e o desejo de retornar ao mundo se fazia mais intenso. Entretanto, tal desejo era irrealizável, pois nada mais possuía que aquela gruta.

Uma noite, deitado à entrada de minha miserável habitação e entregue a sombrios pensamentos, ouvi passos que se aproximavam, e uma voz desconhecida me chamou pelo nome. Levantei-me surpreso. Diante de mim se encontrava um homem de grande estatura, vestindo um manto escuro e cujo rosto era expressivo e enérgico.

– Queres morrer, Arquezilai, para te veres livre da vida miserável e infeliz que levas neste deserto? – disse ele em voz sonora, fitando-me com olhar ardente. – Embora tenhas merecido tua sorte e sejas o único responsável por teu infortúnio, tenho piedade de ti. Se desejares, levar-te-ei a um lugar onde serás para sempre liberto da miséria e onde viverás o tempo que quiseres. Mais tarde saberás quem sou. Não te preocupes com o resto.

A seguir, tirou uma bolsa de sua manga, entregou-a a mim e colocou um cesto no chão. – Encontrarás nesse embrulho as roupas e lâminas para cortar teus cabelos e tua barba. Vai, lava-te na fonte e retorna depressa.

Não o obriguei a repetir a ordem; apanhei o embrulho e dirigi-me à fonte para me lavar. A seguir, vesti uma roupa violeta e botas de couro. A uma certa distância da gruta, dois magníficos cavalos nos aguardavam, contidos por um criado corcunda de pequena estatura, semelhante àquele que nos acompanhou até aqui.

Chegamos a Alexandria. Embora me achasse com uma bolsa cheia de dinheiro, meu protetor não me permitiu ver os amigos. Naquela mesma tarde embarcamos para a Europa. Meu acompanhante me conduziu exatamente a este palácio. Da esplanada dos rochedos pude desfrutar da mesma vista que ora o encanta. Depois entramos nesta mesma sala onde agora estamos. Quase nenhuma alteração ocorreu aqui desde aquela época; são as mesmas tapeçarias que recobrem a parede e as mesmas cadeiras. Será desnecessário dizer das transformações e dos aperfeiçoamentos que realizei.

Sentado como você hoje, escutava a narrativa do meu acompanhante, do mesmo modo que o faz você hoje. Em seguida ele me mostrou o que você vai ver em seguida.

Naraiana levantou-se e aproximou-se de um armário que ele deslocou do lugar. Atrás do armário havia uma alavanca de ferro trabalhada com pedras preciosas, desenhando uma figura cabalística. Após explicar ao médico o funcionamento do mecanismo, Naraiana abriu um recinto cheio de baús e cofres de todos os tamanhos. Podia-se ver ao centro um objeto semelhante a uma almofada metálica, sobre a qual havia um cofre escuro de cuja tampa parecia se desprender uma chama.

Naraiana pegou o cofre, levou-o até a mesa e abriu-o. O interior era forrado por um tecido azul desconhecido para Ralph.

Sobre o fundo maravilhosamente macio, achavam-se dois frascos fechados com tampos de ouro, uma pequena colher também de ouro, do tamanho de uma casca de noz, e uma pequena gaveta arredondada, revestida de marfim. O jovem médico olhava com um sentimento de curiosidade mesclada de assombro supersticioso – o conteúdo do cofre e os frascos guardavam um dos maiores mistérios terrestres.

– Eis aqui o Elixir da Longa Vida – disse Naraiana. – Quem o descobriu? Quem arrebatou do caos cósmico essa formidável substância? Eu ignoro. Aquele que me inspirou declarou que o recebeu da mesma maneira que o transmito a você neste momento. Entretanto lhe digo o que se disse a seu respeito, sem comprovar a verdade dessas palavras, pois tudo aqui é mistério. As qualidades do Elixir da Longa Vida não foram ainda totalmente estudadas e se teme manipular essa perigosa substância. Diz-se que é um gás com a propriedade de manter o equilíbrio entre os diferentes elementos do corpo humano. Uma outra tradição afirma que, sob a proteção de quatro guardiães, essa substância jorra de uma fonte de fogo, no centro da terra; um dia, um profano alcançou tais profundezas de nosso globo e se apossou de certa quantidade desse líquido misterioso. Como o conseguiu? Conheces o processo químico para criar o fogo líquido que enche esses frascos e o pó desse cofre? Tudo permanece um mistério e eu posso apenas mostrar o modo de usar essas substâncias.

Naraiana abriu a tampa do frasco contendo um pó branco, e mostrando a colher de ouro, disse:

– Se retirar do frasco uma colher desse fogo líquido e uma quantidade de pó do tamanho de uma cabeça de alfinete, e em seguida misturá-los, as duas substâncias transformar-se-ão num líquido incolor e transparente como água. E terá o suficiente para propiciar a imortalidade a muitas centenas de homens. Será desnecessário que você mesmo o prepare, pois o elixir preparado por um de meus predecessores bastar-lhe-á, assim como a muitos de seus sucessores. Eu o entregarei no momento exato. Mas diga-me se quer receber o elixir da vida que tanto desejou possuir e aceitar todos os deveres concernentes a esse dom misterioso.

Ralph cobriu o rosto com as mãos.

– Tudo o que me contou permanece até agora tão estranho que meu cérebro não consegue me orientar... – balbuciou ele.

– Acalme-se! Compreendo sua emoção, pois já a

senti outrora. Além disso, preciso acrescentar alguns detalhes necessários para que possa conhecer os bons e os maus aspectos dessa vida que conta os séculos como você calcula os anos. Você não estará nunca mais doente, e a fadiga, o frio e o calor não mais o afetarão. Dormirá como de costume, mas poderá prescindir de qualquer repouso. Ficará sujeito à sensação de fome e ainda sentirá um apetite agradável, mas conseguirá viver por muito tempo sem qualquer alimento.

O elixir misterioso repleta não somente o corpo, mas também a alma, de forças desconhecidas. Você se tornará clarividente, verá e compreenderá as coisas imperceptíveis aos mortais e poderá curar, com um gesto, as mais diferentes doenças. O veneno, os projéteis, o incêndio, as consequências de todos os excessos deixarão de ser perigosos e em breve seu corpo se tornará indestrutível!...

Naraiana pegou a caixa que havia levado consigo e dela tirou um maço de papéis.

– Eis os documentos que comprovam a legitimidade do nome e das riquezas do príncipe Naraiana Supramati. Este é o meu testamento homologado por notário inglês de Calcutá e pelo qual eu lego a meu irmão caçula, cujo nome é o mesmo, Naraiana Supramati, todas as minhas propriedades, cuja relação está redigida, bem como a soma de cem milhões em depósitos nos diversos bancos do Antigo e do Novo Mundo. Além disso, o possuidor do elixir da vida tem muito mais do que essa fração de uma fortuna ilimitada. Veja estes porta-joias.

Naraiana aproximou-se novamente do armário e abriu vários porta-joias.

– Estão todos cheios de diamantes, pérolas, rubis, esmeraldas e diversas pedras preciosas; cada uma delas representa toda uma fortuna.

Apertou um botão e um alçapão se abriu instantaneamente, dando acesso a um grande poço.

– Aqui se encontram os lingotes de ouro puro. Ignoro totalmente a profundidade dessa mina aurífera e talvez ela desça até o pé da montanha. De qualquer modo o tesouro permanece inesgotável e permite viver como um rei!... E agora examinemos o reverso da medalha. Após estar saciado de todas as alegrias que a riqueza sem limites pode oferecer, e após haver satisfeito sua vaidade, contemplando as baixezas e as ações vingativas dos homens que se arrastam diante do ouro, havendo enfim desfrutado de todos os aspectos do amor e do vício, o homem encontra-se acometido por uma doença terrível, inseparável de sua imortalidade – a saciedade. O desejo irresistível de se evadir do mundo apodera-se dele, de fugir de uma vez por todas dos prazeres, de todo o vazio, da lisonja e da avidez dos homens. Percebeu tudo, provou tudo, a alma lasseia neste corpo infatigável. Então ele começa a sentir o desejo da solidão, da calma; tem uma sede doentia de liberdade. Para compreender isso é necessário ter vivido. Quando essas horas de desespero se abatem sobre mim, refugio-me sempre em um de meus castelos solitários ou num retiro isolado do Himalaia.

Lá, completamente só, com alguns servidores indispensáveis, procuro o esquecimento e a consolação no trabalho e no sono. Mas o dormir, esse consolador dos pobres e dos deserdados, não pode me apaziguar. Vivo horas negras, batendo nas portas do inferno, invocando os espíritos que o habitam. A sede da vida e das folganças os atrai e eles vêm me suplicar para lhes dar ao menos uma gota minúscula do elixir da vida a fim de poderem se revestir do envelope que é o corpo terrestre.

– E você lhes dá, a essas criaturas impuras? – balbuciou Ralph.

– Como pode pensar isso? Sou inflexível, pois sempre receei enfrentar imprudentemente as leis terríveis e desconhecidas.

Um silêncio longo reinou. Pálido, com o olhar de febre, mudo, Ralph contemplou os tesouros acumulados e o líquido terrível.

– Tente se acalmar e pensar livremente. Não exijo resposta imediata. Você tem o direito de querer um tempo para pensar nos "prós" e nos "contras" da proposição.

Ele se levantou, arrumou as caixas e os cofres, fechou o armário. Depois se virou para Ralph e disse:

– Venha! Para distraí-lo, mostrar-lhe-ei a sala dos ancestrais, o lugar onde repousam meus predecessores.

Levantou uma cortina e abriu uma porta. De novo se encontravam no corredor estreito e cavado na rocha. Depois de terem dado 20 passos, viraram à direita e o doutor viu com espanto que a galeria continuava, talhada no gelo. Nesse corredor notavam-se aqui e ali, tripés de gelo, onde era queimada uma substância que projetava uma luz deslumbrante, mas sem nenhum calor. Um frio glacial assolava as paredes azuladas e duma transparência de cristal. Ralph seguiu seu estranho guia, sentindo arrepios desagradáveis.

Alguns minutos de marcha e eles entraram em larga gruta, iluminada como a galeria, e duma altura fantástica. A atenção de Ralph foi imediatamente atraída por uma fila de sarcófagos cinzelados na neve, cujo pequeno número era ocupado por corpos. De coração aos pulos, Ralph examinou os restos daqueles homens que haviam vivido fora das leis conhecidas da natureza, e à raça dos quais ele poderia pertencer, se assim o desejasse.

Todos eles eram bonitos, na flor da idade, e pareciam dormir em paz nos seus túmulos de gelo; todos estavam igualmente vestidos de longas e largas túnicas brancas; suas cabeças estavam coroadas de flores alvas, fosforescentes, frescas como se acabassem de ser colhidas.

Naraiana aproximou-se de um daqueles imortais que repousavam num sono pleno de paz e fixou sobre ele seu olhar pensativo e sombrio. Depois, virando-se para o doutor, mostrou um sarcófago vazio e pronunciou com um acento impossível de definir:

– Meu lugar será perto daquele que me iniciou; depois... mais longe, será o seu, o dia quando queira pôr fim à sua longa peregrinação na terra.

Ralph olhou para ele interrogativamente.

– Somando tudo, você não é imortal e seu corpo é destrutível – você pode morrer!

Naraiana sorriu.

– Sim, eu posso morrer, mas escolhendo o momento propício à dissociação de meu corpo. Compreenda bem: se escolho o momento e tomo uma segunda vez o Elixir da Longa Vida mesclado com o sangue estranho, já corrompido, daí eu queimo os liames que me retêm e serei livre.

– Eu também poderia, em caso de necessidade, empregar esse meio para minha libertação?

– Certamente... se você fixar o instante propício, mas não antes de alguns séculos. Finalmente, não creia que seja fácil morrer depois de ter vivido assim tanto tempo. Ah! o que adviria ao homem se ele possuísse essa esperança de alforria?! Conserve então cuidadosamente o líquido misterioso; se você o perder ou se o roubarem, você perde a possibilidade de morrer... E agora vamos voltar.

Atravessando a galeria de gelo, Ralph sentiu de novo tremer seu corpo. O frio penetrou-lhe até os ossos e uma terrível fraqueza paralisou suas pernas.

Na sala redonda tomou um copo de vinho e suas forças pareceram voltar. Depois pediu a Naraiana para se deitar. Estava sentindo tal lassidão, que lhe seria impossível refletir ou tomar qualquer decisão.

Naraiana conduziu assim seu hóspede a um pequeno quarto cavado na rocha e luxuosamente mobiliado. Um fogo vivo queimava na lareira, expandindo uma quentura agradável, mas Ralph continuava a tremer todo. Sem mesmo se despir, jogou-se num divã, cobriu-se com um cobertor bem espesso de lã, dormindo logo num sono pesado e febril. Quando acordou sentiu-se mal. Queimava de febre. Um arrepio gelado percorria-o, os braços e as pernas pesavam e lâminas de fogo verrumavam seu peito. Médico, compreendeu logo que havia tomado friagem na geleira e que sofria agora o início de uma congestão pulmonar. Quis se levantar mas não teve forças e recaiu desesperado sobre o divã. Morreria só naquela gruta, tão perto do elixir misterioso?

Logo Naraiana entrou. Depois de ter examinado o doente, abanou a cabeça e disse com interesse:

– Acho que abusei de suas forças. Você tomou friagem e este novo mal vai precipitar o inelutável. Meu amigo, faça-me um favor, antes de morrer – dê-me um pouco de seu sangue, a fim de que eu possa empregá-lo em minha libertação...

Ralph estendeu a mão e sorriu fracamente.

– Pegue... murmurou ele.

Naraiana levantou-lhe a manga da camisa e tirou um frasco de seu bolso; depois, com um bisturi, fez uma incisão na pele. O sangue surgiu e Naraiana encheu o frasco; com a destreza de um cirurgião experimentado, fez um curativo na ferida.

– Agradeço. E agora, adeus! – disse Naraiana apertando a mão febril de Ralph e dirigindo-se à porta. Ralph o chamou com voz estrangulada:

– Dê-me um pouco de seu elixir... caso a morte

me amedronte muito – gaguejou cheio de desejo e vergonha.

Um sorriso estranho correu o rosto bonito e grave de Naraiana.

– Bem... eu lhe trago, respondeu ele.

Um minuto depois ele voltou com um cofre que abriu. Duas garrafinhas ali estavam – uma maior que a outra. Naraiana tomou um copo de cristal e derramou um pouco do líquido que enchia o frasco maior. Depois, levando a taça à luz, mostrou ao doutor a substância igual ao fogo líquido que se movia no fundo.

– Veja! – declarou ele, pousando a taça sobre a mesa e recobrindo-a com cuidado com uma fina laminazinha de vidro. – Se você bebê-la será o senhor daqui, de toda a minha herança. Este frasco contém o elixir pronto para ser usado. Adeus!

E, depois de ter posto no cofre o pequeno frasco, ele se inclinou e saiu.

O doutor ficou só. Fixou o corpo que continha a imortalidade, ficou imóvel, incapaz de se decidir a tomar as tais gotas necessárias. Por enquanto seu estado piorava a cada instante. Seu corpo devia estar com febre alta; dores agudas dilaceravam seu peito, a respiração tornava-se difícil e parecia, por momentos, que iria sufocar. Apesar da bebida vivificante que ele tinha à mão, a sede se fazia cada vez mais torturante. Uma nuvem escura descia sobre seus olhos e o doutor perdia às vezes a consciência. O terrível desconhecido que foiça a vida humana estava próximo...

Bruscamente uma lembrança amarga apertou o coração de Ralph – ele nem havia vivido! Sua juventude laboriosa havia-se escoado na pobreza e na luta pelo pão nosso de cada dia e quando enfim tinha conquistado modesta facilidade, a moléstia chegara... Agora ele devia morrer perto de um copo cheio de vida, do elixir da vida, e desaparecer, vítima de sua própria indecisão. Certamente o mistério daquela obra era temível, inconcebível, mas não seria aquilo preferível à morte pesada que o penetrava lentamente?

De repente a respiração faltou-lhe; uma massa pegajosa encheu seu peito, subiu à garganta e estrangulou-o. Círculos de fogo rodopiaram diante de seus olhos e Ralph perdeu a consciência do que o rodeava.

Capítulo II

Assim que Ralph voltou a si, a febre havia dado lugar a uma sensação de frio glacial e de fraqueza mortal; seus membros pareciam de chumbo e se recusavam a mover... Ele viu com assombro, ou imaginou ver, um vapor negro emanar de suas mãos e de seu peito. Uma angústia lancinante e um terror demente apoderaram-se dele ao pensar na sua extinção tão próxima. Quis pegar o copo, mas não conseguia levantar o braço. Havia esperado demais... Mas não!... ele não morreria quando a salvação estava lá tão perto; toda a sua vontade despertou e num esforço sobre-humano ele se ergueu; seus dedos enregelados tocaram o copo e atiraram a tampa de vidro ao chão.

Perfume fortíssimo e sufocante bateu-lhe no rosto e sua ação foi tão violenta que ele pareceu aspirar a vida ela mesma. Sua razão aclarou-se e a respiração tornou-se fácil. Sem hesitar por mais tempo, levou o copo aos lábios e de um só trago o esvaziou.

Primeiramente Ralph pensou ter sorvido fogo líquido, depois experimentou um estouro interior. Seu corpo dissociava-se em milhões de átomos que turbilhonavam num mar de luz resplandecente. O pensamento de que tinha sido enganado e envenenado atravessou sua cabeça; depois caiu fulminado no divã.

Ele não sabia dizer quanto tempo esteve assim no estado de inconsciência. Mesmo quando reabriu os olhos, não pôde recordar com mais clareza os últimos acontecimentos e acreditou estar em Londres, em seu pequeno apartamento. Em seu espanto mudo, seu olhar extraviava-se pelo quarto onde estava, pelos tecidos orientais tão espessos, pelos móveis antigos e monstruosos objetos que enchiam a sala em seus lugares – tudo tão desconhecido a ele!

Mas o copo vazio que se achava sobre a coberta obrigou Ralph a lembrar sua extraordinária aventura.

Angústia aguda e terror, diante daquela ação inconsiderada e irrevogável, oprimiam-no. Reviu sua chegada ao cume da geleira, evocou o discurso do desconhecido, sua própria agonia e o pavor da morte que o levara a tomar aquela misteriosa essência cujo efeito interrompia a decomposição de seu corpo. Sentia-se forte e muito bem de saúde, como nunca antes havia se sentido. Um calor agradável corria em sua veias. Seus pulmões respiravam facilmente; seu coração batia calmo e regular. O irresistível desejo de rever Naraiana tomou conta dele. Saltou do divã, arrumou-se apressadamente e aproximou-se dum espelho que não havia notado antes. Acendeu velas de dois candelabros e preparava-se para pentear seus cabelos espessos e escuros, quando olhou descuidadamente no espelho: tremeu de emoção, dando um passo para trás. Aquele belo homem, cheio de força e energia, olhos brilhantes de luz intensa, lábios vermelhos – aquele homem jovem era ele?!... Nenhum traço da palidez terrosa do rosto, dos círculos de olheiras, da fraqueza que tinha curvado, antes da idade, seu talhe alto e elegante. Aquilo era um milagre! Ele era uma outra pessoa! Ele sentia que uma força inexaurível de vida havia reentrado em sua artérias.

Lentamente voltou sobre seus passos, sentou numa poltrona, o rosto escondido entre as mãos, e se abismou em meditação. A angústia e o terror de antes haviam desaparecido, deixando lugar a uma serenidade estranha, um profundo bem-estar, mesclado a um sentimento de ufania orgulhosa.

Um minuto se escoou... Ralph levantou-se, estirou gostosamente as pernas e os braços cheios de força, e saiu do quarto; queria ver Naraiana e interrogar a respeito de numerosos problemas que lhe pareciam ainda obscuros, mas o procurou em vão. Sob o império de dolorosos pensamentos, dirigiu-se quase correndo aos túmulos dos ancestrais. Desta vez atravessou a geleira fria sem sentir frio algum; corrente quase perene parecia emanar do gelo, mas isso quase lhe passou despercebido. Coração opresso, entrou na sala onde se achavam os sarcófagos gelados daqueles homens misteriosos que haviam se saciado de vida. Com simples olhar pôde se certificar da verdade que lhe havia feito sentir Naraiana; em um dos caixões antes vazio, agora Naraiana repousava.

Ralph correu a ele abafando um grito e, inclinado sobre a tumba, contemplou o belo rosto imóvel sobre o qual parecia se haver extinguido a expressão clara do triunfo – ele havia penetrado o mistério, depois de ter voluntariamente cortado o laço que o atava à indesejável matéria. Chegaria um dia em que Ralph seguiria o mesmo caminho e viria repousar perto daquele que o havia iniciado.

Uma fraqueza súbita o invadiu; inclinou-se sobre seu futuro caixão e fechou os olhos. Um terror imenso apoderou-se dele, diante da imensidade de tempo que se escoaria diante de seu espírito, como se fosse um caminho sem fim...

– Oh! Naraiana! Por que me tentou? Por que me abandonou, sem me dizer o que era essa essência que tomei? O que devo fazer para preencher este vórtice de tempo, sem perder a razão?! – murmurou ele com tristeza e desespero.

– Estude os mistérios que o cercam, procure a verdade sob todas as formas, e a eternidade mesma não lhe parecerá tão longa – respondeu logo uma voz profunda e sem vibração.

Ralph estremeceu e endireitou-se em seguida, com um gesto rápido, olhando com espanto e susto um velho muito alto que estava à cabeceira do sarcófago de Naraiana.

Os traços severos do rosto do desconhecido respiravam calma; grande barba caía sobre a túnica, duma brancura de neve, e de sua testa jorravam chispas, formando nele estranha coroa de fogo. Seus grandes olhos sombrios perscrutavam Morgan.

– Eu sou aquele que descobriu o mistério e retirou do caos cósmico esta essência primitiva, criadora, que você tomou e que tornou seu corpo indestrutível, porque ela formará constantemente em si os novos elementos vitais. Eu protejo todos aqueles que se servem de minha descoberta.

O velho recuou um passo, encostou-se à muralha de neve e desvaneceu-se como se fosse um vapor azulado...

Ralph ficou sozinho e uma transformação singular operava-se em seu estado de espírito. A inquietude, a angústia nervosa e o terror do futuro tinham-se dissipado milagrosamente e cediam diante da serenidade e da energia absoluta.

Saiu da sala dos ancestrais e dirigiu-se à peça

onde se guardavam os tesouros. Naraiana deveria ter estado ali ainda uma vez, pois sobre a mesa se encontravam a caixinha aberta que o defunto tinha levado com ele, um grande guardanapo de couro vermelho e um livro grosso de cantos metálicos.

Ralph examinou aqueles objetos com curiosidade e folheou as páginas de pergaminho amarelado, coberto de signos bizarros e desconhecidos para ele. Depois abriu o guardanapo; ali havia toda uma série de documentos e também um embrulho com fotografias representando as vistas interiores e exteriores de dois castelos antigos, um à borda do Reno e o outro na Escócia. Este último interessou particularmente ao novo proprietário.

Como um ninho de águia se levanta o gigante, com os muros dentados, suas seteiras e suas torres sobre uma alta rocha pontiaguda. Uma tristeza indefinível emanava daquela paisagem deserta, daquela série de gargantas e rochedos, ao pé dos quais se espumavam as vagas confundidas: o castelo tão alto, terminando tão baixo nas águas. Sem dúvida Naraiana tinha amado aqueles lugares solitários, longe dos homens e dos rumores profanos. Ele deveria ter muitas vezes contemplado de um desses terraços o abismo que se estendia diante dele, o oceano sem limites, desdobrando seus enormes horizontes, meditando sobre seu destino tão estranho. O sentimento brusco e obscuro de que a solidão constitui uma necessidade inelutável para o homem imortal insinuou-se na alma de Ralph e assombrou, como uma nuvem cinzenta, a confiança feliz que enchia toda a sua alma. Ele rejeitou as fotografias e tomou uma carteira que tinha visto nas mãos de seu predecessor. Ali encontrou um maço de garantias bancárias, de endereços e de certificados de todos os gêneros. O doutor não sentia naquele momento nenhum desejo de examinar aqueles papéis; ele arrumou a carteira em um de seus bolsos, depois tomou o nicho secreto onde estavam escondidos os tesouros, dois pequenos sacos cheios de pedras preciosas, e colocou-os, com o livro e o guardanapo, em uma caixinha. Ele tinha pressa de sair, mas o medo de não mais encontrar o caminho difícil que tinha seguido seu guia tomou conta dele. Logo um fenômeno estranho teve lugar – todo o caminho se desenhou como uma tela imensa, como ele deveria descer. Cada subida, a menor depressão do terreno, cada volta, tudo se marcou com uma precisão tal que a dúvida e o receio desapareceram.

Calmo e cheio de uma energia nova, Ralph fez os últimos preparativos para sua viagem. Depois desejou pela última vez contemplar a vista esplêndida que o tinha tão fortemente emocionado à sua chegada.

Os primeiros raios do sol levante inundavam de ouro e púrpura as geleiras, os rochedos e vales longínquos. A natureza magnífica parecia em fogo. O ar era tão puro e vivificante que Ralph o sorveu com prazer. É que desde longo tempo ele se achava privado de respirar assim, facilmente, a plenos pulmões.

Uma intensa alegria de viver acordou em sua alma. Oh! Como se rejubilava em ter bebido aquela essência que regenerava o ser! Aquele sol levante parecia o símbolo de seu futuro radioso. Voltaria aos homens com o corpo e o espírito renovados, rico e forte e ainda com uma bela situação social. Nesse momento a vista sem fim lhe pareceu o supra-sumo de todas as felicidades possíveis e, levantando os braços, gritou:

– Oh! Naraiana! Como pôde abandonar o tesouro, o mais precioso, e partir voluntariamente para o mundo desconhecido? É possível se locupletar enfastiado da vida?! Oh! Nunca!...

– Ah! Ah! Ah!

Um riso perturbador e sinistro fez-se ouvir e repetiu-se em ecos que foram se perdendo no espaço.

Ralph estremeceu e calou a boca...

Que era aquilo? O espírito das Geleiras se ria dele? Ou algum camponês perdido numa caverna profunda cantava para se distrair? Isso foi o que ele pensou, mas seu impulso de felicidade se extinguiu bruscamente.

Reentrou no corredor tomado por ligeira irritação – queria pegar seus agasalhos, a caixinha e deixar o mais depressa possível aqueles lugares estranhos.

Viu, como grande assombro, à porta do quarto, um homem encostado à parede; à sua aproximação o estranho veio em sua direção, parou e, cruzando os braços, a cabeça inclinada, ficou assim, numa atitude de grande deferência. Ralph reconheceu o servidor que acompanhava Naraiana em Londres e que desaparecera no momento da subida à geleira. O estranho doméstico tinha trocado sua libré simples mas elegante por uma vestimenta marrom-acinzentado, calças estreitas, sapatos de pontas agudas, blusa amarrada na cintura por cinto de couro e capuz alto sobre a cabeça. Aquela bizarra criatura parecia, assim vestida, um gnomo vivo, saído de um conto de fadas.

– Eu o saúdo, meu novo senhor! – disse o gnomo inclinando até o chão. – Seja também benévolo com respeito a Agni o quanto o foi Naraiana.

– Tentarei satisfazê-lo, Agni! Mas me diga como chegou até aqui – respondeu Ralph com bondade, pousando sua mão na espada de Agni. O anão soltou um suspiro profundo.

– Nunca me pergunte quem eu sou ou de onde eu venho. Sou o guardião destes lugares e eu não os deixo senão para seguir um novo senhor.

– Como?... Então, você também! – exclamou Ralph recuando sem querer.

Agni interrompeu-o com um gesto suplicante.

– Eu guardo aqui o mistério maldito e os corpos de meus senhores – balbuciou ele, com ar carrancudo.

Depois, passando a mão na testa, ele ajuntou:

– Eu o servirei fielmente e o atenderei sempre. Quando vier, encontrará todas as coisas prontas. E ela? Vai deixá-la aqui, senhor? Leve-a; ela sempre segue com os senhores. Sua presença apenas complica a calma deste lugar, pois atrai os Espíritos do Gelo.

– Não sei de quem você está falando. Existe uma mulher aqui? – perguntou Ralph, surpreso.

– Ah! Naraiana não lhe falou dela... Nesse caso, Senhor, permita-me conduzi-lo até essa senhora. Ela ignora ainda que Naraiana já faleceu.

Ralph enxugou sua testa úmida. Que acontecia com ele? Dormia ou tinha ficado louco? De resto ele não poderia mais recusar e deveria conhecer todas as pesadas cargas que a herança lhe trouxera. Tratava-se certamente de uma mulher que Naraiana havia tirado de sua família e depois abandonado.

– Conduza-me até ela – ordenou ele com voz firme a seu servidor.

Agni abriu no corredor uma porta que Ralph ainda não tinha visto e subiu uma estreita escada em espiral. Chegaram ao segundo piso daquela estranha habitação e encontraram-se diante de um reposteiro pesado que

Agni levantou. Estupefato, parou na soleira de um salão todo forrado de estofados de seda pintalgada, bordada a ouro e mobiliada ao gosto oriental. Em frente à entrada, havia uma larga janela cavada na rocha e uma vista tão maravilhosa quanto aquela da esplanada que se abria à imensidade. Mas nesse momento o jovem homem ficou indiferente às belezas da natureza. Toda sua atenção fixou-se sobre uma mulher quase deitada, sobre almofadas de púrpura de um divã, perto da janela. Era uma mulher ou uma criança de 14 anos? Ralph seria incapaz de dizer, porque ela parecia pequena, terna, aérea. A tez pálida e mate de seu rosto era estranhamente transparente, a tal ponto que o sangue não parecia circular sob sua pele acetinada. Mas os lábios vermelhos denotavam que toda sua figura era muito saudável. Apesar do frio que reinava naquelas alturas, a desconhecida estava vestida com leve penhoar de musseline hindu, com bordados de ouro, preso na cintura por um cordão. As mangas largas deixavam ver os braços de beleza divinamente clássica.

Ralph contemplava, enlevado, aquela mulher misteriosa, cujo olhar parecia perdido no espaço; ela estava profundamente abismada em seus pensamentos, esquecendo o mundo exterior. Ela era a Fada das Geleiras, enfeitiçada naqueles lugares? No mundo fantástico onde o destino o tinha jogado, tudo começava a parecer possível ao doutor.

O passo ligeiro de Agni atraiu a atenção da desconhecida; ela se voltou num gesto rápido e olhou silenciosamente os que chegavam.

Ralph guardou silêncio, ela também. Ele nunca tinha visto antes um rosto de beleza tão surpreendente, angélico, apesar de jovem. Grandes olhos negros, aveludados, com longos cílios, cuja flama muito viva tornava intolerável sustentar o olhar dela fixando-o.

Agni aproximou-se e pronunciou palavras em uma língua que Ralph não conhecia. A jovem mulher – ou donzela – estremeceu e levantou-se rapidamente. Seu olhar queimante, com expressão enigmática, examinou dos pés à cabeça, a silhueta fina e elegante de Ralph.

– Aproxime-se, Senhor – falou ela em inglês, estendendo a mão ao doutor.

Ralph avançou maquinalmente, tomou os dedos finos da jovenzinha e levou-os aos lábios. Ele não viu um sorriso maldoso que perpassou pelo rosto de Agni.

– Agora tenho certeza de que ela não ficará aqui – murmurou o gnomo, desaparecendo sem ruído por trás de uma porta.

Um silêncio pesado reinou por um instante. O coração de Ralph batia violentamente e um sentimento jamais vivido invadiu-o pouco a pouco, tomando-o todo.

– Posso perguntar, senhora, quem é e como se acha aqui? – interrogou enfim o doutor, hesitante.

Uma expressão impenetrável percorreu os traços móveis da estranha.

– Chamo-me Nara e você vai ler no testamento do homem do qual você é o legítimo herdeiro – respondeu ela com voz clara, sem tirar seu olhar abrasador de seu interlocutor.

O doutor segurou com gesto nervoso a pasta que ele tinha posto no bolso, tomou o testamento e percorreu-o rapidamente. Subitamente empalideceu e exclamou, muito emocionado:

– A senhora é a viúva de Naraiana? Ele escreveu que devo desposá-la...

– E você assim não o deseja? – perguntou Nara, em tom trocista.

– Sim, eu quero! — exclamou Morgan, com força. – Eu não tinha ainda em minha vida encontrado mulher tão fascinante quanto a senhora! Se consentir em ser minha, a herança de Naraiana ser-me-á duplamente preciosa e sagrada. Assim que sua dor tão legítima diminua, desde que o tempo de seu luto toque ao fim, eu serei feliz em unir minha vida à sua.

Nara sorriu.

– Neste caso, deixemos este lugar. Se não se opõe, vamos para Veneza. Temos ali um palácio maravilhoso. Nós dois precisamos repousar das emoções sofridas; tomaremos outras resoluções e escolheremos a data de nosso casamento. Nada de pressa. Deus seja louvado! Temos tempo!

Seu sorriso e sua resposta produziram em Ralph uma impressão desagradável. Questões, pressentimentos, dúvidas assaltaram em multidão o espírito do doutor.

Aquela mulher misteriosa era imortal também. Mas por mais que ela parecesse jovem, com sua pele branca e acetinada, sua graça virginal, o seu olhar traía o segredo de sua vida; faltava-lhe certo frescor, certo descuido alegre, próprio da juventude. O olhar de Nara dissimulava os mistérios que Ralph já havia lido nos olhos de Naraiana. Ela tinha sido sua esposa. Então por que Naraiana a tinha abandonado? Certamente ele devia amá-la, pois havia-lhe dado a essência preciosa para tê-la perto dele. E, no entanto, no olhar frio e calmo de Nara, não se viam nem tristeza, nem saudade do ser que, durante séculos, fora o companheiro de uma longa jornada terrestre, o marido de cuja morte ela tinha acabado de ter conhecimento.

Malgrado o sentimento maravilhoso provocado nele pela jovem, um arrepio glacial percorreu as veias de Morgan e um profundo suspiro veio de seu peito.

Nara observava-o com seu olhar ardente. Seus olhos aveludados ensombraram-se e depois lançaram chispas. Parecia que ela lia seus pensamentos e respondia-lhe. Bruscamente ela se atirou ao jovem homem e sua mãozinha roçou a testa de Ralph.

– É inútil refletir e se torturar por vãs questões, meu pobre amigo – disse ela num tom onde a amargura confundiu-se com a ironia. – O Tempo, nosso grande mestre e senhor, irá ensiná-lo a julgar diferentemente cada coisa. Você se acha agora sob o império do sentimento, de lembranças e de convicções próprias à vida ordinária, breve e ilusória – como a existência de um simples mortal. Talvez um dia lhe falarei de Naraiana, mas não hoje... A hora de nossa partida chegou. Vá e espere na sala dos tesouros. Mudo de roupa e me junto a você em seguida.

Ralph inclinou-se silenciosamente e foi ao quarto que já conhecia bem. Sentou-se perto da mesa onde ele tinha pousado seu mantô e a caixinha. Com o rosto coberto por suas mãos, ele se abismou em meditação, esforçando-se para pôr em ordem os prodigiosos acontecimentos dos últimos dias, nos quais ele se sentia preso como numa teia de aranha.

Um barulhinho tirou-o de suas reflexões. Ele voltou-se e viu Nara que entrava, abotoando as luvas. Ela estava vestida numa roupa simples de pano preto, jaqueta e chapéu de feltro, e trazia pequenina mala de viagem em couro e uma bengala de alpinista.

Nara poderia ser confundida com uma turista aristocrática viajando pelas montanhas. Sua roupa fazia sobressair ainda mais vantajosamente a beleza de seu rosto, de uma brancura deslumbrante, e de seus cabelos cinza com reflexos dourados.

– Ralph Morgan, você não esqueceu o caminho? Aliás, eu o conheço muito bem e posso mesmo lhe indicar um outro bem mais curto – disse a jovem mulher, e um sorriso escorregou sobre seus traços, quando seus olhos reencontraram os olhos entusiasmados do doutor.

– Eu me lembro do caminho. Mas como sabe meu nome? Eu não creio havê-lo pronunciado nem uma vez diante de si – acrescentou Ralph, espantado.

Nara riu com malícia.

– Então não devo saber o nome de quem vou desposar? De resto desde este dia você é o príncipe Naraiana Supramati. Não conserve seu nome, Morgan, caso o incógnito lhe seja necessário. E agora vamos embora!

Sem nada dizer, Ralph seguiu-a. Ele começava a experimentar uma inquietude supersticiosa diante daquela criatura adorável, que parecia compreender seus pensamentos, lendo seus desejos.

A descida foi bem mais rápida que a subida e,

à tarde, Ralph e sua companheira chegaram ao hotel, onde ele tinha passado uma noite com Naraiana. O médico veio a saber que Nara ali já ocupava um quarto onde a sua bagagem se encontrava.

No dia seguinte pela manhã, Nara apareceu vestida de luto e tomou com Ralph um trem para Veneza.

Essa viagem passou a Ralph como um sonho. Ele não via nem ouvia senão sua companheira feiticeira; toda sua sensibilidade havia atingido o paroxismo da superexcitação e, sentado no compartimento diante da jovem mulher, ele se embriagava de sua beleza, esquecendo todas as demais coisas.

Ralph voltou de seu encantamento no momento em que Nara, tocando sua mão, disse-lhe sorridente:

– Olhe! Estamos em Veneza.

Ele sempre tivera interesse por aquela cidade e desejara conhecê-la, mas certamente nunca pensara, mesmo em sonho, em visitá-la na qualidade de um príncipe hindu e imortal. Sua paixão por Veneza acordou e ele olhou-a com curiosidade da janela do vagão.

O trem já atravessara a ponte gigante que liga Veneza à terra firme e parava na gare.

Assim que foram abertas as portas dos vagões, Nara desceu lentamente para o cais. Percebendo dois lacaios de libré que procuravam seus patrões na multidão, ela voltou-se para Morgan e disse:

– Eis nossos servidores!

No mesmo momento um dos lacaios aproximou-se rapidamente e disse-lhe com profunda reverência:

– A gôndola espera por Vossas Altezas.

– Bem, Batista! Traga nossas bagagens. Venha, meu irmão!

Ela tomou o braço dele, Morgan, e dirigiu-se ao cais. Sentaram-se numa grande gôndola manobrada por dois remadores. Atravessaram silenciosamente o grande canal; depois, após terem seguido por uma laguna lateral, pararam diante das portas de antigo e grande palácio.

A noite chegava. Na sombra crepuscular, as velhas casas que bordejavam o canal tomavam um aspecto sombrio e fantástico.

Ralph saltou primeiro sobre os degraus da escada e ajudou a jovem mulher a sair da gôndola. Entraram em um grande vestíbulo iluminado a giorno por lâmpadas elétricas.

Muitos domésticos precipitaram-se a encontrá-los para os ajudar a tirar os mantôs. Assim que Nara e Ralph entraram no palácio, um velho libré, todo de preto, apareceu no alto da escada de mármore, ornada de flores e estátuas; ele desceu rapidamente e saudou respeitosamente Nara, que lhe estendeu a mão para que ele a beijasse e disse numa voz entrecortada de soluços:

– Trago hoje uma dolorosa notícia, meu bom Giuseppe: meu bem-amado marido está morto!

– Nara é decididamente uma comediante completa! – pensou Morgan, vendo-a levar o lenço aos olhos, enxugando lágrimas imaginárias.

O velho empalideceu e grossas lágrimas correram em seu rosto sulcado.

– Nosso bom senhor está morto? – balbuciou ele. – Que desgraça imprevista! Ele parecia tão bem de saúde.

– Pois é! A vida humana é tão frágil!... Contarei

mais tarde os detalhes de sua morte. Hoje estou tão cansada e sentida que tenho que ficar sozinha... Mas quero lhe apresentar meu cunhado, o novo senhor – príncipe Naraiana Supramati, irmão caçula de meu falecido esposo e seu único herdeiro legal... Eis seu fiel intendente, Giuseppe Rosatti. Eu o recomendo à sua generosidade, Supramati... Vou me retirar a meus aposentos; agradeço-lhes todo o apoio que me prestam neste momento de grande dor.

Ralph beijou a mão de Nara e desejou-lhe boa noite. Tendo subido alguns degraus da escada de mármore, Nara voltou-se novamente:

– Giuseppe, acompanhe o príncipe até as câmaras de seu finado irmão. Espero que tudo ali esteja em ordem, sim?

– Oh, Alteza! A ordem reina por tudo. Não poderíamos supor que nosso patrão não mais voltasse...

– Muito bem. Verifique se o príncipe esteja a contento com o serviço e que, amanhã, toda a casa fique em luto.

Ela teve um gesto gracioso, subiu a escada correndo e desapareceu por uma porta lateral.

– Queira me seguir, Alteza! – falou o velho, interrompendo os pensamentos de Morgan, que ainda não tinha chegado a se orientar naquela nova situação. – Gracioso, Beppo, vejam imediatamente se tudo está em ordem para receber Sua Alteza.

Os valetes evaporaram-se como sombras. Ralph seguiu silenciosamente o intendente que subiu a escada e atravessou uma longa galeria aclarada por altas janelas góticas apenas por um lado.

– Eis os apartamentos de Sua Alteza – disse Giuseppe, indicando uma porta ao fundo da galeria.

Atravessaram uma fileira de peças mobiliadas com luxo realengo e tão ricamente ornadas de obras de arte, muito preciosas, que cada quarto constituía um pequeno museu.

– O gabinete de trabalho do finado príncipe... esta porta à direita abre para a biblioteca; esta à esquerda dá para o quarto de dormir.

Essas palavras foram ditas pelo intendente, enquanto o valete Gracioso pegava com respeito o mantô e o chapéu de Ralph. Este olhou curioso ao derredor de si; estava numa grande câmara construída em carvalho escuro e mobiliada com severa simplicidade; as guarnições dos móveis e as cortinas das portas eram em couro marrom. Sobre uma grande mesa de carvalho cinzelado, viu um tinteiro de ouro e lápis-lazúli e uma lâmpada num abajur azul que aclarava fracamente a peça. Atrás da porta aberta da biblioteca viam-se prateleiras esculpidas que cobriam as paredes até o teto – mas isso não atraiu a atenção de Ralph. O jovem homem dirigiu-se diretamente ao quarto de dormir. Era um peça de dimensões menores, forrada de seda vermelha escura, com móveis baixos e leves e uma cama bem grande com dossel.

– Vossa Alteza quer que lhe prepare um banho para seu relaxamento após a viagem e depois jantará? – perguntou Giuseppe.

– Seria agradável, se não demorar muito.

– Está tudo pronto! Eu darei as ordens para que o repasto seja servido assim que Vossa Alteza saia do banho.

Os valetes conduziram Ralph a um gabinete provido de todos os atributos necessários à toalete de um grande senhor como havia sido Naraiana; depois, na sala de banho que, com suas paredes de mármore, o chão de ladrilhos formando desenhos, a grande banheira em pórfiro e suas estátuas maravilhosas ornamentando nichos, cegou positivamente o modesto médico que acreditava estar vivendo um magnífico sonho encantado.

Após o banho os valetes vestiram Ralph de um linho extremamente fino e Beppo estendeu-lhe um belo robe em pêlo felpudo no interior e cetim branco no exterior.

– O príncipe finado jamais usou este robe; encomendou-o pouco antes de sair – observaram os valetes que explicaram isso notando a repulsa de Ralph em pôr uma roupa já usada por seu finado irmão.

– Pois não! – disse Ralph.

E a peça de roupa caiu-lhe no corpo como sendo feita sob medida. Em seguida passou para a peça vizinha, onde um copioso repasto achava-se à sua espera.

Morgan tinha fome; então fez honra àquele jantar admiravelmente composto e que mostrava o gosto delicado de Naraiana.

– Tragam-me as revistas publicadas nos últimos dias... depois estão dispensados, Beppo e Gracioso. Não terei mais necessidade de vocês hoje – disse Morgan, empurrando a cadeira da mesa.

Os dois valetes tiraram a mesa como se fossem sombras, trouxeram as revistas e saíram.

Assim que fecharam a porta e que o pesado reposteiro caiu, Ralph ficou só. Um suspiro de alívio saiu de seu peito, pois a presença dos servidores era-lhe penosa.

– Deus seja louvado! Estou enfim em minha casa! – murmurou ele. – Esses valetes não me impedirão mais de visitar meu novo domínio. Espero me acostumar bem depressa a dar ordens e tornar-me-ei o verdadeiro nababo que tenho que representar.

Ralph percorreu todas as peças, examinando cada objeto que ali se encontrava – tudo lhe parecia maravilhoso. Depois voltou ao gabinete de trabalho. Havia posto sobre a poltrona, perto da escrivaninha, a caixinha azul da qual não tinha se separado durante toda a viagem. Aproximou uma cadeira, sentou, abriu o cofre e examinou mais atentamente, agora, o conteúdo total. Antes de acabar esse exame, quis arrumar todos os documentos na escrivaninha, mas se apercebeu de que estava fechada. Viu um grande armário esculpido, quis abri-lo, mas não conseguiu. Desapontado, voltou para a escrivaninha, quando de repente se lembrou de uma chavinha de ouro que se encontrava em uma das divisões da pasta vermelha. Foi pegá-la. Não entrava na fechadura da escrivaninha, mas, para sua grande alegria, abriu o armário de estilo bem antigo, cuja madeira havia sido finamente trabalhada e que continha uma quantidade inumerável de gavetas e de compartimentos de todos os tamanhos. Na prateleira do centro Ralph pegou dois cofrinhos e um molho de chaves. Uma das caixinhas era cheia de ouro e de cédulas bancárias, outra de objetos preciosos, alfinetes de gravata, abotoaduras, berloques e joias de todos os gêneros.

Morgan em seguida examinou os demais compartimentos e caixas. Ali encontrou relógios de todas as épocas e de todos os estilos; lá uma coleção inteira de tabaqueiras nas quais estavam engastados diamantes maravilhosos. Em um compartimento construído em forma de pequeno móvel separado viam-se todas as espécies de frascos, de ampolas e, no fundo da abertura, uma só palavra estava gravada: “medicina”. Enfim uma metade toda do armário era preenchida com enfeites femininos: joias, fitas, flores secas e séries de miniaturas de retratos de mulheres maravilhosas.

Ali estava a presença de tudo o que seguira a vida de Naraiana, longa e cheia de aventuras; Ralph percebeu-o.

Fechou o armário, depois foi até a escrivaninha; abriu-a graças às chaves que acabara de encontrar. Na gaveta do meio o doutor encontrou um caderno grosso encadernado, colocado assim ali com a intenção de evidência. Sobre uma folha de papel em branco, bem visível, estavam escritas em caracteres firmes e grandes: – Que meu herdeiro leia.

Morgan estremeceu... esse homem tinha pensado nele, sem o conhecer! Profundamente emocionado, folheou o caderno; havia muitos capítulos cujos títulos, escritos com tinta vermelha, eram: “O Círculo Mágico”, “Fórmula de Evocação”, “O Círculo dos Espíritos”, “Os Habitantes do Reino do Silêncio”, e outros.

Morgan parou. Pareceu-lhe que um vento frio agitou seus cabelos e que um hálito glacial roçou suas faces; fechou o caderno com ruído e jogou-o numa gaveta.

Ele o leria mais tarde, à luz do dia, e examinaria atentamente as cartas e os documentos escondidos na escrivaninha e nos diferentes móveis, logicamente. Impossível se orientar naquela herança imensa que ele passara a gozar tão brusca e inopinadamente.

Deixando-se recostar na poltrona, Morgan abandonou-se a meditações. Ainda não podia se habituar à sua nova existência. Sua vida modesta de trabalho intenso e sua doença já eram coisas do passado. Sem nenhum esforço, sem mérito de sua parte, com a simples chegada de um estrangeiro – mágico de lenda –, de médico humilde de um asilo de loucos ele se tornara um príncipe, milionário, pessoa cheia de saúde e de força e, coisa mais incrível entre todas, um ser quase imortal. O fim de toda a vida – a morte, essa companheira fiel e terrível, essa libertadora – também se achava descartado de seu caminho, senão para sempre (Naraiana não havia morrido?) ao menos por duração indeterminada. Assim a morte não o espreitava mais, a velhice não o tornaria fraco, debilitado pela idade, as doenças não atrapalhariam as alegrias de sua vida...

Levantando-se rápido, Morgan foi olhar num espelho e pôs-se a estudar-se como se fosse outra pessoa. A imagem refletida contentava-o muito; custava-lhe crer que Morgan fosse assim tão bem feito! Sorriu à sua imagem com a satisfação ingênua de uma criança e acariciou seus cabelos espessos e ondulados. Depois se sentou de novo na poltrona.

Agora seu pensamento se voltava àquela mulher misteriosa – herança sua, como todas as outras coisas. Seu olhar fixou o notável retrato de Nara que se achava posto sobre a escrivaninha; ela tinha sido pintada vestida com roupa de cerimônia; sua beleza muito peculiar, o olhar um pouco demoníaco de seus olhos negros tinham sido pintados com precisão de vida extraordinária.

E aquela criatura estranha e fascinante lhe pertencia... Assim que se acabasse o ano de seu luto, Nara tornar-se-ia sua esposa legítima diante dos homens. O coração de Ralph bateu mais violentamente a esse pensamento, e uma chama líquida pareceu correr em suas veias abrasando-o.

O relógio bateu quatro horas. O ruído do pêndulo

tirou Ralph de seus pensamentos. Fatigado de espírito, não do corpo, dirigiu-se ao quarto de dormir e logo dormiu um sono profundo.

Já era tarde quando acordou. Com um sentimento de prazer, estirou-se na cama macia, examinando todos os móveis que o rodeavam, ricos e confortáveis. Súbito lembrou os últimos meses de dores agudas no coração, a inquietude com a qual saltava do leito, aflito por ter perdido hora de serviço na clínica; pensou na fadiga que o perseguia em sua volta para casa, quando vinha a pé ou de trem. Tinha certeza de que já se havia acabado esse passado para sempre e um suspiro de alívio saiu de seu peito.

Arrumando-se nas almofadas, apertou o botão chamando os domésticos; dois servos atenderam prontamente e ajudaram-no a se vestir.

Enquanto se vestia, Morgan indagava se Naraiana havia conservado suas vestes romanas, as dos séculos da cavalaria, de todos os tempos em que havia vivido. Nesse caso, essa coleção deveria ser muito interessante.

Giuseppe chegou quando ele acabava de se vestir. Perguntou-lhe como Sua Alteza havia passado a noite. O intendente lhe fez ver que a senhora o convidava a jantar nos apartamentos dela, pois desejava apresentar Sua Alteza a seus amigos; estes viriam para saber como havia falecido seu esposo e exprimir suas condolências.

Ralph dirigiu-se logo aos apartamentos de sua nova e misteriosa cunhada e encontrou-a cercada por duas senhoras e três senhores, todos parecendo muito tristes. Nara também tinha uma expressão cansada e dolorida. Ela estendeu a mão a Morgan e depois o apresentou às pessoas presentes, que pertenciam à nobreza veneziana.

– Vou lhes apresentar, caros amigos, meu cunhado, irmão caçula de meu pobre marido; ele também traz o nome de Naraiana Supramati; mas, para distingui-lo de seu falecido irmão, nós o chamamos apenas por seu último nome.

O acolhimento reservado ao herdeiro do Príncipe Naraiana foi de suprema habilidade. Todos asseguraram-lhe amizade, a mais alta estima e formularam o ardente desejo de lhe manifestar seus bons sentimentos. Essas afirmações polidas respiravam uma complacência, uma obsequiosidade tão interesseira que Morgan experimentou desgosto, respondendo com fria moderação a todos os avanços de seus novos amigos.

Em seguida passaram todos para a sala de jantar, peça suntuosamente mobiliada em estilo veneziano, e fizeram honra no magnífico jantar.

Morgan não precisou se ocupar em agradar a seus hóspedes; eles já haviam se gastado o suficiente com o doutor. Nara estava vizinha a Ralph, e este admirava interiormente a arte com a qual ela improvisava sua biografia, e descrevia seus casos de infância com seu pretenso irmão.

A jovem mulher contava que Supramati, nascido de um segundo casamento, era bem mais moço que Naraiana; uma afeição muito terna tinha sempre unido os dois irmãos, se bem que tivessem ficado um longe do outro durante os anos em que o jovem príncipe viajara por prazer, por todos os países do mundo.

O espanto de Ralph chegou ao auge quando Nara pediu a todos os hóspedes que se convencessem, eles mesmos, da extraordinária semelhança de Supramati com seu irmão. Quando todos aquiesceram e as senhoras repararam em seus olhos e em seu sorriso, uma estupefaciente confirmação daquele ar de família, Morgan deu muitas gargalhadas. Mas no fundo isso causara-lhe desgosto e mágoa. Era lógico que sua personalidade se desvanecera na auréola do representante de uma riqueza enorme, e a baixeza humana, surda e cega, rastejava diante daquelas montanhas de ouro...

Ralph lançou um olhar involuntário a Nara, esforçando-se por penetrar seus pensamentos profundos. Sentiu-se feliz quando se assegurou de que, apesar de seus choros e suspiros, os olhos brilhantes da jovem o fixavam com uma expressão que dizia o quanto ela dele se agradava.

Quando todos voltaram do salão e os hóspedes se despediram dos donos da casa, Nara declarou-lhe que partiria na manhã seguinte de manhã, por muitas semanas, a fim de pôr em ordem seus afazeres.

Os dois jovens enfim ficaram sozinhos. Morgan seguiu sua cunhada ao grande balcão aberto que dava vista sobre o canal. Ela estendeu-se preguiçosamente sobre um divã bem baixo e olhou Ralph que, silencioso, estava apoiado sobre os cotovelos na balaustrada.

– Meu querido Supramati! Você está entrando mal em seu papel e tem um ar um pouco selvagem neste meio novo a você... Por outro lado, espero que a gente tenha explicado seu silêncio pela dor experimentada depois da perda de um parente assim próximo – ajuntou Nara, com uma ironia apenas perceptível.

– É verdade. Vivo como num sonho – respondeu Morgan, passando a mão na testa. – Além disso – prosseguiu sorrindo –, se a morte de meu irmão me torna silencioso, eu noto que sua dor de viúva não é mais profunda. Vamos dar uma trégua às brincadeiras! Você não chorou Naraiana e pareceu não achar falta dele nem um pouco. Estiveram casados muito tempo?

Nara deu uma risada calma e penetrante, que ressoou desagradavelmente aos ouvidos de Ralph.

– Tempo suficiente para nos sentirmos pesados um ao outro. Na vida ordinária, um marido leviano pode repudiar sua mulher, mas a morte pode resolver o problema para os dois. Imagine a posição de uma mulher unida a um marido eternamente jovem, cheio de força, vaidoso, infinitamente exigente, egoísta e que engana! Tal aliança pode apagar até um vulcão de paixão e esgotar a paciência de um camelo. E se um esposo mortal mente à sua mulher mil vezes em 25 ou 30 anos de sua existência comum, quero que você mesmo conte o número de infelicidades conjugais que pode cometer um "imortal"...

Enquanto ela assim se exprimia, uma expressão de tristeza, de desprezo e de indizível fadiga ensombrou seu rosto. O coração de Morgan estremeceu de piedade profunda e sincera pela companheira de seu estranho destino, aquela herança misteriosa de seu benfeitor. Inclinando-se a Nara, Ralph segurou sua mão e murmurou apaixonadamente:

– Esqueça o passado, Nara! Nesta longa vida que nos espera eu a venerarei, você será a única que amarei e farei de tudo para fazê-la feliz.

O rosto muito expressivo da jovem mulher traiu sua angústia profunda.

– Não me jure! – disse ela abanando a cabeça. – Você não se ateria à promessa, a uma sequer. Não esqueça que a fonte de suas forças vitais é diferente em você daquela de todos os mortais. E daí você se torna o escravo das fraquezas humanas que você tem sido até aqui; sim, para todos os prazeres você está armado de uma inquebrantável saúde. Nenhum excesso, nenhuma paixão o podem enfraquecer, e, além disso, uma inesgotável riqueza permite-lhe satisfazer qualquer capricho. Você ainda não experimentou o perigo de tais condições de vida.

– Compreendo que duvide de mim, pois me conhece pouco. Seria então essa desconfiança a meu respeito que a obriga a deixar Veneza?

– Não. As conveniências mundanas exigem que nos separemos. Quero viver na solidão os meses consagrados a meu luto e aproveitar para pôr em ordem meus negócios. Você terá tempo para acostumar-se à sua nova existência. A herança de Naraiana reserva-lhe ainda surpresas de muitas formas; terá de trabalhar também na ciência que ensina a utilização das forças secretas de que você dispõe. Não se entristeça, meu caro noivo! – ajuntou ela, alegremente. – Você receberá notícias minhas. Quando o ano de meu luto tenha terminado, e que eu volte aqui, festejaremos o instante breve de esquecimento e de embriaguez, enganando-nos sobre a continuidade de nossa felicidade e considerando-a tão eterna como nossa vida. Mas não importa. No deserto da existência é necessário valorizar a menor alegria, mesmo que ela dure apenas um minuto.

E, sem dar a Morgan tempo de responder, Nara fez um gesto de adeus e saiu do balcão.

Capítulo III

A manhã e a noite do dia seguinte escoaram-se sem trazer acontecimento extraordinário. As horas passaram em conselhos com o alfaiate, no exame mais detalhado das riquezas do palácio e em conversações aborrecidas com Giuseppe Rosatti, que mostrou a Ralph os registros, as contas e abordou com ele diversos problemas concernentes à administração da propriedade.

No outro dia Ralph acompanhou Nara à estação, mas ela não lhe disse para onde ia. Triste e quase mesmo desesperado, ele voltou ao palácio que lhe pareceu vazio sem ela.

Depois do jantar Morgan subiu a seus cômodos, arrumou o que era necessário e examinou diferentes objetos contidos nas gavetas da escrivaninha. Encontrou um caderno de capa dura cujas páginas haviam sido escritas por Naraiana. Morgan percorreu algumas folhas do diário do finado: brinquedos de sua imaginação, fatos reais, notas diversas, impressões vividas. As últimas páginas do caderno estavam em branco. Ralph procurou o que o finado teria escrito em último lugar:

Existe doença mais terrível que a saciedade? A saciedade representa a angústia sombria que nos empurra de lugar a lugar, torna todas as coisas intoleráveis e esgota a paciência. Já o presente é terrível, mas eu posso me isolar no passado e me levar mentalmente até o futuro. Mesmo no presente eu me choco em toda parte com os homens, esses vermes da terra; suas mordidas envenenadas atormentam a alma, já que não podem destruir o corpo.

Multidão repugnante, baixa, venal, ingrata, aduladora; ela se inclina diante da riqueza e esmaga o pobre, incapaz de lhe pagar, pois sua amizade é enganadora e traidora.

Oh! Quanto estou cansado e enojado! Quanto gostarei de me livrar destas cadeias que me deprimem no corpo. Morte libertadora! Amiga incompreendida! Tenho sede de repouso em seu abraço; quero ser livre...

Muito emocionado, Morgan leu essas linhas escritas certamente em épocas diferentes, sob a impressão do momento.

Abismado em seus pensamentos, não notou atrás de si a porta se abrir e um homem muito alto entrar, vestindo uma capa preta, com uma máscara em seu rosto. Quando o desconhecido pousou a mão na espádua de Morgan, este deu um pulo e olhou com espanto seu estranho visitante.

– Não se arreceie, herdeiro de Naraiana Supramati pronunciou o desconhecido com voz profunda. – Você deve me seguir; sua ausência apenas durará alguns dias, mas ela é necessária.

– Estou pronto para partir com você! Eu sei que me encontro em um círculo mágico que me cerca e que me impõe obrigações às quais não posso me subtrair – respondeu Ralph com calma. – Além disso, não tenho medo da morte e vou segui-lo sem apreensão, ajuntou ele com ligeiro sorriso.

– Bem! Dê as ordens necessárias e encontre-me

em uma gôndola perto da grande escada. Não se esqueça de pôr no dedo o anel que encontrou na pasta.

Assim que o estranho partiu, Ralph chamou os valetes; logo atendido, ordenou arrumar em uma valise alguns objetos indispensáveis; depois chamou Giuseppe e disse-lhe que partiria por duas semanas. Enfim colocou no dedo o anel antigo, pôs em seu bolso uma carteira cheia de dinheiro e partiu.

A noite estava bem escura. Apesar da luz que aclarava a escadaria, a gôndola, balanceando sobre as ondas, achava-se imersa em escuridão.

O remador achava-se atrás; o estrangeiro estava sentado na cabina com as cortinas meio fechadas. Morgan pousou a valise sobre um banco e tomou lugar perto do desconhecido. A gôndola deslizou imediatamente, singrando rápida as águas sombrias do canal.

O homem mascarado permanecia calado. Morgan supôs que devia guardar, ele também, o silêncio. Encostou-se nas almofadas e entregou-se à meditação. Pouco a pouco uma pesada sonolência invadiu-o e ele fechou os olhos.

Ele não poderia dizer o tempo que decorreu assim

nessa inconsciência. A voz do homem da máscara acordou-o. Ralph aprumou-se com um gesto brusco e sentiu-se desagradavelmente surpreso; apesar da escuridão profunda da noite sem lua, ele viu que se achavam em pleno mar e que a gôndola havia abordado um navio de mastros altos e de velas desdobradas, desenhando-se confusamente nas sombras.

– Suba! – disse o desconhecido.

Morgan escalou a ponte; um sentimento doloroso espalhava-se cada vez mais em seu ser.

O veleiro onde ele se achava era um modelo muito antigo. Não se viam nem marinheiros nem passageiros e só uma tocha fumarenta iluminava de claridade avermelhada a entrada das cabinas.

Obedecendo ao gesto silencioso de seu guia, Ralph desceu depois dele uma escada que os conduziu a uma pequena câmara rica e estranhamente mobiliada. Objetos os mais diversos ali estavam reunidos. No meio, uma mesa abundantemente servida de vinhos e de caça fria. Velas em um pequeno candelabro de ouro projetavam sua luz sobre um luxuoso aparador de louça que o acaso parecia ter levado ali, assim como todos os outros objetos.

O desconhecido jogou sobre uma cadeira seu manto e seu chapéu, depois tirou sua máscara. Morgan viu o homem grande e bem aprumado, de uns 30 anos mais ou menos. Seu rosto fino e regular era muito pálido, e essa palidez fazia sobressaírem com vantagem seus cabelos ondulados, pretos como a asa do corvo e a barba da mesma cor. A expressão de seus grandes olhos negros também fazia medo; pregas duras, cheias de severidade, enrugavam o canto de seus lábios.

Apesar da incontestável beleza daquele homem, um desespero profundo e uma enorme angústia emanavam dele e Ralph sentiu o tremor involuntário de um terror supersticioso correr sobre seu corpo.

Súbito o doutor estremeceu vivamente. Tinha acabado de ver na mão fina e magra do estrangeiro um anel semelhante ao seu, mas o do desconhecido tinha no engaste uma safira, enquanto no seu havia um rubi.

A roupa do estrangeiro era de outro tempo... Ele trazia uma túnica de veludo negro, um largo colarinho de rendas e botas altas. Um punhal com cabo incrustado saía de um largo cinturão.

– Eu o saúdo, meu irmão. Sente-se – fez o desconhecido, estendendo a mão a Morgan.

Ralph apertou sua mão. Mas não era hora de propor as perguntas que subiam a seus lábios; uma cortina pesada de lã ergueu-se e uma nova figura, ainda mais estranha, apareceu na soleira da porta de uma pequena cabina contígua.

Era um velho de ao menos 80 anos, a contar pelo número de rugas que lhe cobriam o rosto; sua barba branca descia até a cintura; o nariz aquilino e o viço de seus olhos percucientes davam àquela figura a expressão de ave de proa. Ele vestia um costume de peregrino, em lã negra; os pés eram calçados de sandálias; uma pequena calota de seda cobria parte da cabeça; seu talhe estava curvado; tinha um bordão nodoso enegrecido pelo tempo em uma das mãos, toda enrugada, onde havia um anel brilhante, de ouro, semelhante àquele que Ralph e seu companheiro usavam, mas ornado com uma esmeralda.

– Saudação a você, nosso irmão caçula: seja bem--vindo, Naraiana Supramati! – disse-lhe, apertando a mão de Morgan.

– Eu o saúdo também, respondeu o doutor, inclinando-se.

Vendo os anéis semelhantes, Ralph compreendeu que se achava entre os membros de uma confraria secreta da qual ele mesmo fazia parte, sem o supor. Nos olhos de seus novos amigos ele notou a chama estranha que outrora vira brilhar nos olhos de Naraiana.

Depois de leve entretenimento em uma língua incompreensível a Ralph, todos se sentaram ao redor da mesa. O desconhecido mais jovem, que parecia ser o senhor da casa, colocou o vinho nos copos e convidou seus hóspedes a comer e beber. Obedeceu-se ao convite. Daí Morgan levantou o copo e disse:

– Eu bebo à saúde de todos os irmãos e rogo-lhes acolher com simpatia a questão que lhes desejo propor.

– Fale – responderam simultaneamente seus dois companheiros.

– Vocês me conhecem, pois me chamaram por meu verdadeiro nome – prosseguiu Ralph. Mas ignoro absolutamente com quem tenho a honra de falar. Por enquanto eu sinto que vocês são meus novos parentes, pessoas que vivem nas mesmas condições que as minhas, e que elos misteriosos os unem a mim.

– Tem razão, meu irmão; constituímos uma mesma

família. Seja qual for a distância que nos separe, cadeias secretas nos ligam – respondeu o velho. – Você tem o direito de conhecer nossos nomes, mas não se assuste se lhes pareçam esquisitos. Sou Isaac Laquedem.

– As lendas sempre escondem uma parte da verdade que a imaginação dos homens deforma e que o tempo desnatura ainda mais – observou o velho. – O Judeu Errante sou eu... Quanto a ele – e Isaac indicou seu sombrio companheiro que, sonhador, estava apoiado nos cotovelos sobre a mesa – ele também é o herói de uma lenda, o capitão do veleiro fantasma que anuncia sua perda aos navios que encontra. É o Holandês Voador, como os marinheiros o chamam.

Morgan levantou-se contra a vontade e olhou-os com terror. Ele sempre supusera que esses seres legendários pertenciam somente à fantasia popular. E eis que se via sentado perto de dois e na mesma mesa – a menos que não fossem por assim dizer senão pseudônimos, escondendo suas personalidades verdadeiras; não se escondia ele sob o nome de Naraiana Supramati? Se, portanto, o velho dizia a verdade, certamente os espectros que aterrorizaram o mundo só tinham de parecer com eles!... Era suficiente olhá-los para compreender instantaneamente que eram homens singulares.

– Nós não somos espectros; somos produtos da fatalidade, homens como você. Também acho que nada tem a temer – observou aquele que se chamava O Holandês Voador.

Morgan teve vergonha de seu receio e, enxugando o suor que perolava seu rosto, disse:

– Desculpem-me, meus irmãos, este medo ridículo; é devido ao estado estranho e penoso de minha alma. Ponham-se em meu lugar e imaginem os sentimentos de um homem de nosso século incrédulo, de um doutor, cético juramentado, que cai inopinadamente em um tal meio. Involuntariamente ele se pergunta o que está acontecendo: está bêbado, ficando louco ou é vítima de um pesadelo ou de uma alucinação?...

Morgan segurou a cabeça com as duas mãos.

– Também vocês gostariam se lhes perguntasse: vocês são realmente as pessoas cujos nomes usam? Você, Laquedem, seria o homem que o Cristo maldisse outrora... se é que esse homem existiu?

– Sim, sou Isaac Laquedem. Eu vi, eu conheci o Cristo, mas ele não me maldisse. É um outro motivo que me obriga a errar eternamente.

– Mas então, onde você vive? – interrogou Morgan, pálido de emoção.

– Vivo em parte alguma; o mundo inteiro me pertence. Apoiado neste bastão, calçado de sandálias, eu faço, em cada século, sete vezes a volta em torno do planeta, e volto sempre a meu ponto de saída. O céu é meu teto; a terra, meu leito; as plantas, minha nutrição. Não repouso senão junto aos iniciados, a cada dez anos, três dias e três noites. Não tenho necessidade de nada. Fujo do tempo, ele me persegue.

O velho se calou e, com ar sombrio, apoiou os cotovelos sobre a mesa. Sua fronte riscou-se mais profundamente e um ríctus amargo contraiu seus lábios.

Após um momento de silêncio penoso, o velho se levantou, esvaziou o copo de vinho e, saudando com um gesto os dois jovens, desapareceu de novo na pequena cabina de onde tinha vindo.

Morgan sentia-se acabrunhado; com olhar perplexo, fixava seu outro companheiro. Apesar de sua palidez aterradora e seus olhos terríveis, o Holandês Voador lhe era mais simpático que o cruel Judeu Errante. Ralph gostaria de perguntar se a lenda era verdadeira – o que tornava seu navio anunciador da morte.

Como se houvesse lido seu pensamento, o Holandês levantou a cabeça e disse numa voz sonora:

– Eu lhe direi mais tarde por que o mar é o campo de minha ação, as ondas se fizeram minha pátria e como este navio se tornou minha moradia, onde vivo no meio de meus livros e de minhas recordações. Explicarei também por que apareço àqueles que são condenados à morte.

– E você navega sempre só neste navio? – interrogou Morgan.

– Muitas vezes desço a terra para fruir instantes do amor efêmero, o que traz variação à minha vida sombria e monótona; mas não suporto ficar em terra firme mais que três dias e três noites. E agora me conte como você se tornou um dos nossos, se está feliz por ter recebido o dom precioso que o tirou das condições de vida comum.

– Por enquanto eu experimentei apenas o restabelecimento de minha saúde.

E em poucas palavras Ralph contou sua existência passada e daí ajuntou:

– Ignoro a verdadeira causa que levou Naraiana a levar sua escolha sobre mim e não a outra pessoa.

– Laços do passado uniram talvez vocês dois; esses laços criam o amor através das existências sucessivas e podem se tornar muito fortes, e são difíceis de se romper – observou o Holandês. – Mas... não deseja repousar?

Morgan abanou negativamente a cabeça.

– A diversidade das impressões que tenho vivido hoje em dia levou o meu sono. Se você não está cansado e se minha presença não o importuna, gostaria que ficasse comigo... Vamos conversar. Juro-lhe que gostaria muito de conhecer sua verdadeira história. Além disso, pergunto-me por que me fez vir até aqui, por que me apresentou Isaac Laquedem... e... aonde vamos?

– Estamos nos dirigindo ao centro mesmo de nossa Confraria, a fim de celebrar uma de nossas cerimônias seculares, as mais solenes. Lá, no Santuário secreto, encontra-se a taça do Graal.

– Como? O Graal existe?

– Nós não existimos? Por que então essa taça, cujo olhar somente, segundo a tradição, confere a imortalidade, não existiria? – respondeu gravemente o Holandês. – E agora... já que isto tanto o interessa... vou contar minha história e elevarei para você os véus com os quais eu recobri a lenda...

Nasci no fim do século XV; era filho de um célebre pirata que tinha conseguido uma enorme fortuna graças a seus atos de pilhagem. Meu pai era holandês de origem; homem severo, cúpido, sanguinário, mas ótimo marinheiro. Eu cresci no navio de meu pai, habituando-me desde a infância ao "serviço" de corsário. Tinha 20 anos quando meu pai foi morto durante a abordagem de uma grande galera[1] espanhola e daí herdei o comando do navio.

Logo conquistei uma glória que excedeu à de meu pai. Tudo o que eu fazia era coroado de sucesso. A rapidez com a qual eu manobrava e chegava, lá onde

---

[1] Galera: antigo navio a vela - Nota do editor.

eu era o menos desejado, fez com que minha pessoa e meu navio se cobrissem de uma auréola sobrenatural que serviu à minha celebridade futura. As pessoas supunham-me de comércio com o diabo, se bem que eu fosse incapaz de tal aliança; meus marinheiros, por selvageria, audácia demente, por propensão sanguinária, eles, sim, poderiam ser tomados por espíritos infernais.

Um dia, quando meu barco oscilava no mar do Norte, o vigia percebeu um navio mercante grande, que já devia ter viajado muito e feito considerável carregamento que deveria, sem dúvida, ser dos melhores. A galera nos viu e procurou fugir à vela toda. Naturalmente todos os seus esforços foram vãos – meu navio rápido alcançou-a e nós subimos para a abordagem. Começou um combate encarniçado, pois os homens da galera estavam armados, mas a audácia desesperada de meus homens assegurou-nos a vitória.

Dando o exemplo a meus comandados, saltei eu primeiro na cobertura e meu machado de abordagem causou um grande vazio entre os defensores do navio. Entretido pela luta e todo coberto de sangue, precipitei-me em uma cabina onde se encontravam um velho e uma mocinha quase desmaiada de medo. Ficaria contente em ter o velho como prisioneiro, mas ele quis se bater e me feriu no ombro com sua espada. Fulo de raiva, eu lhe fendi o crânio com um golpe de machado.

Quando ele caiu, a mocinha se jogou sobre ele, dando um grito terrível. Somente então vi uma criatura, a mais sedutora que eu jamais tinha visto, branca e tenra como uma fada, olhos de safira e cabelos louros como ouro. Meu coração imediatamente se abrasou.

– Não tema, adorável criatura! Nem um só fio de seu cabelo será tocado – gritei-lhe.

Para livrá-la de todos os azares da batalha e da grosseria dos marinheiros, resolvi pô-la em meu próprio navio. Quando a tomei em meus braços, debateu-se como uma demente, depois desmaiou. E a trouxe inconsciente para a cabina que fechei.

A luta acabava com a vitória completa de meus homens e pude examinar nosso despojo – era bem grande! Soube por um marinheiro da galera que aquilo pertencia a um dos mercadores mais ricos da cidade de Lubeck. Esse comerciante ia a Veneza com sua filha, noiva de um senhor italiano. O vultoso dote da moça estava a bordo.

Algumas horas se passaram no exame e na partilha do despojo e também na transferência a meu navio de malas, cestos, pacotes e outros objetos. Eu já me aprestava a deixar a galera, decidido a afundá-la com os prisioneiros que meus homens matavam, quando, sobre a cobertura suja de sangue, apareceu um velho vestido com uma roupa de peregrino.

Todos ficamos estupefatos, pois nenhum de nós o havia visto antes. Ele devia estar viajando na qualidade de passageiro e tinha-se escondido durante o combate. O velho aproximou-se de mim e, fixando-me com olhar incendido, disse: – Concede-me hospitalidade em seu navio, capitão?

Eu sempre fui muito duro de coração. Não sei porque aquele velho inspirou-me um respeito estranho. E que poderia um homem contra 60 bravos que eram meus marinheiros? Fiz um gesto de aquiescência e respondi com benevolência: – Seja bem-vindo a meu navio, respeitável velho! Encontrarei onde o alojar, e terei bastante pão e vinho para o alimentar. E se nossa obra sanguinária o desgosta, nós o poremos em terra na primeira ocasião favorável.

Ele me agradeceu e lhe ofereci a cabina que ocupa agora Isaac Laquedem. Para repousar depois daquela batalha fatigante, dei ordem de organizar um grande festim. Tínhamos capturado uma tal quantidade de vinhos e alimentos de todos os gêneros que o banquete foi grandioso.

Depois fiz servir uma mesa especial para mim, meu auxiliar e o velho; os piratas comeriam na ponte, cada um como lhe aprouvesse. Eu estava de ótimo humor; ria, brincava com o peregrino e felicitava-o por ter felizmente escapado da morte. Ele sorriu e respondeu que a morte não o amedrontava nem um pouco. Eu repliquei, dizendo que a morte já não mais me metia medo; e meu auxiliar e eu não cessávamos de elogiar alternativamente nossas façanhas.

Bebi demais e meu sangue começava a se abrasar; a noivinha bonita, minha prisioneira, parecia-me cada vez mais sedutora e o desejo ardente de possuí-la tomou conta de mim. Levantei-me e desci para a cabina. A jovem já tinha voltado de seu desmaio, estava sentada, o rosto escondido entre as mãos. Quando entrei ela se levantou e fixou sobre mim seu olhar de fogo.

Sentei perto dela, esforçando-me em consolá-la e declarei enfim que a amava, que a guardaria perto de mim e obrigá-la-ia a partilhar nossa existência feliz e cheia de aventuras. Ela me escutou silenciosa e somente seus lábios tremiam nervosamente. A jovenzinha não opôs a menor resistência quando a beijei. Feliz com sua cordialidade e desejando adoçá-la mais, fui pegar uma grande caixa cheia de diamantes e de objetos pessoais preciosos que lhe fiz presente. Ela abriu o cofre com pressa febril e sua mão apalpou, procurou ávida, algo nas pérolas. Bruscamente um forte rubor de cólera coloriu seu rosto. Eu pensava que nada era mais caro a uma mulher que joias, e reprimi com dificuldade o desejo de dar uma gargalhada. Depois ordenei à bela prisioneira vestir-se e tomar parte de nosso festim.

De início ela empalideceu e uma claridade estranha brilhou em seus olhos de safira. Mas um minuto depois ela respondeu surdamente: – Faça com que me tragam roupas; estas estão sujas de sangue; daí eu vou.

Atendi a seu pedido e, meia hora depois, a mocinha subia à ponte, resplandecente como uma rainha. Ela vestia roupa branca bordada de ouro, justa à cintura por um cinto de pérolas e diamantes; um diadema constelado de pedraria cintilava em sua cabeça. Fui conquistado. Nunca tinha visto uma mulher de beleza tão divina. Seus cabelos desfeitos, envolvendo-a quase até os joelhos como uma suntuosa capa, fascinaram-me sobretudo.

Disse-lhe para sentar a meu lado; enlacei sua cintura e lhe ofereci um copo de vinho. Ela aceitou; até parecia feliz. Ela mesma encheu meu copo e se abandonou a meus carinhos sem repugnância visível.

A orgia atingiu seu apogeu quando Laura – era esse o nome dela – se levantou e, inclinada sobre a ânfora de vinho que acabava de chegar, declarou:

– Gostaria de servir estes corajosos marinheiros que cantam tão ruidosamente em nossa honra. Permita que eu mesma encha de novo seus copos? Eles mereceram hoje seu reconhecimento e você deveria lhes dar esse prazer...

– Faça como desejar, ó bela mulher! Certamente eu não recusarei satisfazer seu primeiro desejo. Regale meus heróis! À saúde deles!

Eu chamei um dos piratas e disse-lhe para trazer a ânfora que estava atrás de Laura. Ela mesma encheu todos os copos e pediu aos marujos que bebessem à felicidade dela. Quando Laura sentou-se de novo à minha mesa, estava mais branca que sua roupa e parecia desmaiar de fraqueza. Eu lhe perguntei com angústia se ela não se sentia cansada. Ela meneou a cabeça e respondeu com estranho sorriso:

– Oh, não! O banquete apenas começou...

Nesse momento, contemplando seus lábios semi--abertos, sua respiração acelerada, que sublevava seu admirável colo virginal, seus olhos que brilhavam com chama cruel e ardente, senti-me enfeitiçado definitivamente. Louco de paixão, agarrei-a em meus braços e arrebatei-a até a cabina, confiando o comando do navio a meu segundo. O peregrino tinha-se retirado havia muito tempo, pretextando fadiga.

Uma hora não se tinha escoado quando gritos terríveis, um barulhão na ponte, arrancaram-me de meu delírio amoroso. Eu me refiz logo e saltei sobre o convés. O espetáculo que se oferecia a meus olhos petrificou-me literalmente. Meus marujos, como tomados por uma crise de demência súbita, rolavam no chão, ululando como bestas e vomitando uma espuma esverdeada.

Alguns estavam imóveis, o rosto preto, como mortos.

Nesse momento, meu segundo ergueu-se novamente em seu cotovelo e gritou, fechando e sacudindo o punho: – Maldita!... Ela nos envenenou...

Por amabilidade ele também tinha pedido a Laura que lhe enchesse o copo de vinho. Compreendi a verdade e experimentei uma raiva demente contra a mulher que se tinha vingado de mim, privando-me de todos os meus fiéis companheiros.

Quis agarrar o punhal que nunca me deixava à cintura, mas ele não estava mais ali... No mesmo instante, senti um golpe profundo, que me bateu nas costas, e escutei uma voz sibilante pronunciar:

– Morra, assassino! Dane-se!... Que sua alma maldita erre eternamente sobre os oceanos e nunca lhe traga repouso!

Voltei-me e vi Laura. Seu rosto queimava e em seus olhos li um ódio selvagem. Ela estava com meu punhal; suas mãos e sua roupa estavam sujas de meu sangue. Levantei meu punho para bater nela, mas meu braço tombou sem força e, tomado de uma fraqueza súbita, tombei sobre a coberta do navio. Ao derredor tudo escureceu e, através de um véu, eu vi Laura enterrar o punhal em seu peito... e perdi a consciência das coisas.

Um sopro fresco que acariciou meu rosto obrigou-me a abrir os olhos e vi o peregrino ajoelhado perto de mim. Seu olhar inflamado perpassava meu ser. Súbito ele disse em voz tremente:

– Quer viver, viver bem longamente? Não vai me maldizer em seguida? Então o salvarei.

Sentia-me morrer e, num esforço sobre-humano, balbuciei:

– Salve-me e eu o bendirei!

Então Isaac Laquedem – pois era ele – tirou de seu bolso um pequeno frasco cheio de um líquido incolor, levantou minha cabeça e esvaziou o conteúdo na minha boca. Pensei ter bebido fogo; chamas pareciam queimar meu corpo inteiro; depois foi como se um raio me houvesse rebentado... Quando abri os olhos me vi em minha cama. Percebi, a alguns passos de mim, o peregrino sentado perto de uma mesa, lendo uma grande folha de pergaminho.

Sentia-me disposto, cheio de força e saúde como

sempre. A memória voltara-me com a consciência. Lembrando da morte terrível de meus companheiros fiéis, um suspiro rouco e uma palavra de injúria grosseira dardejaram com ímpeto de minha boca. O peregrino levantou-se imediatamente, aproximou-se de mim e disse numa voz severa:

– Como você renasce para a vida segundo uma cura milagrosa e pronuncia palavras malditas?! Seja reconhecido ao Céu, meu irmão, de se encontrar forte e bem disposto. Veja o que sobrou da terrível noite...

Isaac Laquedem abriu minha camisa e eu vi sobre meu flanco uma grande cicatriz, cor de sangue, que era recoberta por uma pele fina e transparente como vidro.

– E essa cicatriz ficou muito tempo visível? – perguntou curiosamente Morgan.

– Pode-se vê-la ainda agora, apesar de decorridos 300 anos.

O Holandês desabotoou a roupa, puxou a camisa e mostrou a Morgan uma marca esquisita, semelhante a uma facada recente, recoberta com um esparadrapo transparente, da cor da pele.

– A visão deste sinal singular produz ainda em mim uma impressão horrivelmente dolorosa e experimento uma sensação de fraqueza interior.

Então o peregrino pousou sua mão sobre minha espádua e falou assim:

– Esta marca sanguinolenta o lembrará eternamente que não mais deve se servir de armas para matar seu próximo. Chega de sangue e de crimes! A partir deste dia você cessará de ser um homem comum. Já franqueou o misterioso limite que torna breve toda existência humana. A vida imortal o espera. Não tem necessidade de viver de pilhagens e assassínios; dar-lhe-ei a riqueza e conduzi-lo-ei a um lugar onde será recebido como membro de uma confraria mística e secreta.

Enquanto ele falava, uma tristeza profunda tomava conta de mim. Meu passado, cheio de aventuras, apagou-se bruscamente e, cheio de pressentimentos confusos, aspirei ao novo e ao desconhecido.

– Cumprirei tudo o que ordene, poderoso Mestre que comanda a Morte! – declarei baixando a cabeça.

Depois me levantei, vesti-me e desejei subir à cobertura. O peregrino consentiu e nós subimos a escada. Um horrível e sinistro quadro se ofereceu a nossos olhos e encheu minha alma de terror e desespero. Todos os meus marujos estavam mortos e jaziam em desordem. Sobre seus rostos escurecidos e desfigurados, a expressão de sofrimento atroz e de agonia estava estampada. Ainda no dia anterior todos aqueles valentes heróis haviam estado perto de mim, cheios de vida e de coragem; um dia depois não restava deles senão aqueles corpos negros e inchados! Reprimi dificilmente o tumulto que rugia dentro de mim e disse ao velho que estava ao meu lado, de pé:

– É preciso jogar os cadáveres no mar e limpar a ponte.

Inclinei-me para pegar um dos corpos a fim de lançá-lo para baixo da borda, mas Isaac Laquedem reteve meu braço.

– Deixe. Não se suje ao contato com estas formas impuras! Esperemos a noite, então tudo se arranjará por si mesmo. Veja. O dia já está nascendo. Vamos descer à cabina, porque devemos passar este dia a nos preparar para as novas condições de sua vida.

Descemos de novo à cabina. O peregrino deu-me

ordem de juntar todos os objetos inúteis e levá-los dali. Depois cobriu as janelas de um estofo opaco e iluminou uma vela que se achava num canto, sobre uma mesinha. Acabando isso, ele me disse que devia me ajoelhar no meio da cabina, depois traçou, primeiramente no ar e depois sobre a madeira do chão, círculos nos quais fomos fechados.

Vi com espanto um feixe de raios de fogo jorrar de sua vara e ficar na atmosfera como fitas de luzes. Pequenas línguas de fogo queimavam sobre o assoalho. Depois o velho tirou de seu bolso um rolo que continha um pedaço quadrado de tecido vermelho e uma bola cinzenta, feita de uma matéria que me era desconhecida. Colocou os dois objetos sobre minha cabeça.

Senti então em todo o meu corpo uma terrível dor; parecia que apunhalavam meu corpo todo. Esse sofrimento físico desapareceu em seguida, como por encanto; eu, pirata ardiloso, jamais tinha experimentado coisa igual... Fora dos círculos de fogo que nos cercavam, o peregrino e eu, apareceram criaturas lívidas, sujas de sangue, com o rosto desfigurado. Fiquei aterrorizado, pois reconheci nelas as pessoas que eu havia matado.

A multidão de minhas vítimas aumentava sempre, mas o peregrino parecia nem ligar para elas. Seguindo um ritmo medido, ele pronunciava palavras em uma língua desconhecida. Subitamente no ar mostrou-se uma dupla de uma brancura de neve, que por cima de nossas cabeças flutuava, como se fosse uma nuvem brilhante cercada de chama multicor. Percebi isso como se fosse em um sonho. Toda a minha atenção se concentrou sobre a tropa horrorosa que, de todos os lados, rastejava para mim com a intenção de me agarrar. Os olhos fosforescentes dos espectros queimavam de ódio selvagem; terríveis maldições e blasfêmias retiniam em meus ouvidos e, mãos compridas, com dedos aduncos, chegavam perto, parecendo querer me arrebatar.

O que sofri nessa hora trágica nunca poderei descrever. Foi uma agonia incessante. Em verdade eu vivi todas as mortes que causei... Senti-me achatado, louco de pavor, agarrei-me à roupa de Isaac Laquedem, que conjurava com sua voz forte as sombras errantes.

Pouco a pouco uma parte dos fantasmas esmaeceu e desapareceu nas sombras, mas os mais irados ainda gritavam:

– Olho por olho, dente por dente! Que ele sofra! Seja maldito! Maldito! Que, sem conhecer repouso, ele erre sobre os oceanos que sujou com seus crimes. Que ele vague, execrado e maldito, sobre as vagas de nosso sangue!!

Enfim, os últimos espíritos vingadores desapareceram; esgotado, caí sem forças ao pé do velho. Mas a trégua foi breve, pois eu senti bruscamente um tremor estranho e doentio sacudir todo o meu ser. E eu vi, com um novo terror, escapar de meu corpo um vapor assobiante e gemente, vermelho, viscoso e nauseabundo. A respiração me faltou e caí inerte.

Quando tomei consciência de mim mesmo, as imputações e os círculos de fogo haviam desaparecido. Isaac estava perto de mim ajoelhado, enxugando-me as mãos, o rosto e o peito com um linho molhado. Ele me ajudou a levantar e me estender em minha cama.

– Consegui purificá-lo em parte. Agora durma e repouse! Ainda esta noite teremos que cumprir um pesado dever.

Eu estava tão cansado que adormeci logo num profundo sono. Sons lentos, agudos e sinistros me acordaram; aquilo me parecia dobre de finados. Fui invadido por um suor frio e coloquei mais cobertas sobre o leito; o coração batia precipitadamente. Não, eu não estava sonhando! Um sino soava cobrindo o ruído da tempestade que tinha-se desencadeado durante meu sono. O vento assobiava no cordame, no moitão, dobrando os mastros e fazendo quebrar o casco do navio. O trovão ribombava ao longe.

Inquieto, saltei do leito. Que seria de nós? Como manobrar sem equipagem? A chegada de Isaac Laquedem interrompeu o curso de meus pensamentos.

– Sou eu! Nós devemos sepultar os piratas – declarou ele.

Eu o segui maquinalmente. A noite negra nos cercava e somente os clarões dos raios iluminavam por momentos o mar encapelado e o amontoado de cadáveres. Nunca antes havia visto tempestade tão furiosa. O assobiar do vento cobria o ruído do trovão e o rugir das vagas; estas, sublevadas como montanhas, pareciam dever a cada instante submergir nosso barco, minúscula carcaça que se arremessava nas suas cristas espumantes. E no entanto nós avançávamos a toda vela.

Para cúmulo do horror, pequenas chamas corriam

sobre os cadáveres, e a alta silhueta do velho, com seus braços levantados, aclarada pelo fogo do céu, tomava um aspecto terrível e fantástico.

Subitamente uma luz esverdeada pareceu subir do oceano, como se fosse uma auréola nimbando o navio, e, no mesmo instante, apercebi sobre o cimo de uma alta onda, um sino como que fundido em metal incandescente. Perto dele se achava uma figura negra, vagamente delineada. Somente se desenhava nitidamente o rosto anguloso, terroso, daquela forma de olhos verdes, exprimindo ódio infernal.

Essa criatura trazia a corda do sino que ela batia lentamente; e os sons lamentosos, sinistros, gementes, que se confundiam com os uivos da tempestade, produziam uma impressão tão penosa, que ainda agora não consigo evocar sem tremer.

Isaac Laquedem estava terrível. Sua cabeça, sua barba, suas mãos emanavam uma luz fosforescente, a sua voz forte troava, penetrante e impiedosa, quando pronunciava palavras em uma língua desconhecida. Subitamente um espectro imprevisto e terrível ofereceu-se aos meus olhos. Os corpos dos piratas levantaram-se, um após outro, saltaram pela amurada e reuniram-se ao redor do sino que não cessava de soar o dobre.

À claridade de um raio vi distintamente o grupo inteiro dos piratas que se balançavam sobre o cume de uma vaga enorme. Seus rostos esverdeados com os olhos vítreos me fixavam... Depois todas as coisas se empalideceram e lentamente desapareceram nas ondas furiosas do mar.

Cambaleante como um ébrio, tentei retornar à minha cabina e dei alguns passos inseguros. Meus ouvidos ainda ouviam o sino tocar compassadamente; chispas de fogo entrecruzavam-se diante de meus olhos. Parecia-me que os corpos de meus companheiros dançavam ao redor de mim, numa farândola infernal, e, soltando um grito surdo, perdi os sentidos.

Capítulo IV

Não sei dizer o tempo que durou esse estado de inconsciência e, estranho, não era um estado de esvaimento que me tomara, sem pensar nem sentir, mas sim uma confusão por instantes das visões repugnantes.

Quando reabri enfim os olhos e que a plena consciência me retornou, já era dia. Raios de sol inundavam a ponte vazia; tudo estava limpo, em seus lugares, e ninguém poderia dizer que o mais terrível dos dramas humanos acabara de ali ter lugar.

Eu estava estirado ao pé de um mastro, disposto, cheio de energia vital, mas meu espírito e meu coração encontravam-se estranhamente enfastiados, oprimidos de tristeza. Sem haver ninguém no timão, o navio vogava a velas soltas, numa direção evidentemente determinada. Encostado na pavesada, Isaac Laquedem olhava fixamente o oceano, pensativo e atristado. Ele se voltou com o ruído que fiz ao me levantar.

– Bom-dia, meu irmão – disse sorrindo. Como está vendo, está tudo em ordem. Ademais posso anunciar a você, com alegria, que nos dirigimos ao lugar da reunião dos nossos irmãos.

Agradeci a ele e pedi chegar logo ao destino. Laquedem respondeu-me que nossa viagem acabaria desde que a pacificação prévia de meu ser com aquela outra criatura a bordo tivesse sido concluída. Diante de minha profunda estupefação, ele ajuntou:

– Sim, certamente, uma terceira pessoa se encontra aqui! Venha, vou levá-lo a ela.

Descemos para a pequena cabina que outrora ocupava meu segundo, e vi a mulher que me tinha achacado o golpe mortal. Ela estava vestida de luto; terrivelmente pálida, seu rosto parecia mesmo exangue. Trêmula, confusa, ela sentia-se desassossegada diante de mim, os olhos baixos, e seu ser respirava sombria tristeza.

Eu a olhei com uma calma que espantou a mim mesmo; não experimentei a seu respeito nem cólera nem ódio. Guardava a consciência de ter sido o único culpado e, contra a vontade, disse:

– Perdoe-me!

– Perdoem-se mutuamente – declarou o velho; o mesmo destino os encadeia na terra.

Com o coração pesado, aproximei-me de Laura e repeti as palavras, suplicando perdão. Ela estendeu-me a mão e olhou-me com seus belos olhos que já possuíam esta expressão que nós todos temos – nós os que não morremos...

A paz tinha sido concluída entre nós dois.

Desde então vivemos os três neste navio que eu não comandava mais, mas que mãos invisíveis dirigiam como hoje em dia. Laura e eu, durante uma parte do dia e da noite, executamos os ritos que Isaac nos indicou. Ele mesmo toma parte nessas cerimônias, com suas conjurações e seus cantos estranhos.

Passamos nossas horas de repouso na ponte, abandonando-nos a nossos sonhos e conversando. Ela e eu nos tornamos amigos, mas a cada dia a comunicação entre nós diminuía. Enquanto a obra de purificação se operava em mim e minha inteligência evoluía, um sentimento de nostalgia profunda, de indiferença a respeito da vida, desenvolvia-se em meu espírito. Minha existência tempestuosa, feita de crimes e pilhagens, aparecia-me como um sonho terrível. As visões que me atormentavam davam-me o medo da morte; portanto, eu não podia crer ainda nesta vida imortal da qual me falava Isaac Laquedem.

Mais de dois meses se escoaram assim. Enfim o velho declarou que nós estávamos suficientemente purificados para sermos acolhidos no santuário. Chegaríamos ali na noite seguinte. Achávamos-nos em pleno mar, mas onde? Eu não podia me orientar, porque nem por uma vez nós tínhamos encontrado algum navio, e o oceano parecia um deserto. Uma grande curiosidade invadiu-me. Enfim nós chegaríamos a terra e eu iria saber qual o continente, pela margem onde abordássemos.

Eu não deixava a ponte. A noite caía e a margem desejada não aparecia. Enfim, eu percebi ao pálido clarão da lua, grandes rochas negras emergindo das ondas. No que pude julgar, aproximávamos-nos de uma ilha ou de um grande recife solitário, pois nenhuma frota era visível.

Chegando perto de uma alta rocha, com cume pontiagudo, o navio parou e tocou as pedras cinzentas. O velho aproximou-se da pavesada e gritou três vezes com voz sonora:

– Isaac Laquedem!

O eco repetiu três vezes o nome. Os sons de um sino pareceram se fazer escutar no interior da rocha. No mesmo instante um fenômeno estranho se produziu: como puxada por mãos invisíveis, a massa granítica girou sobre o lado, descobrindo uma escavação profunda. Depois o bloco maciço se desviou, abrindo uma galeria abobadada na qual percebemos 12 degraus recobertos de tapete. Duas crianças estavam no fundo, vestidas de roupas brancas e trazendo em suas mãos lâmpadas cuja luz era muito brilhante.

– Vocês que conhecem a luz elétrica não ficam espantados, quando chegamos lá embaixo; mas eu, simples marinheiro selvagem do século XV, pensei ver uma luz celeste.

Isaac Laquedem saiu primeiro; Laura e eu o

seguimos. Todos entramos na galeria cavada na rocha. Quando me voltei, reparei que o bloco maciço havia-se fechado sem ruído depois de nós. Silenciosos, seguimos Laquedem e chegamos enfim a um pequeno quarto redondo, de onde partiam galerias parecidas àquela que acabávamos de atravessar.

No meio daquela peça que podemos tomar como sendo uma antecâmara achava-se um velho muito alto, vestido com roupa branca que brilhava como se fosse costurada com diamantes. Uma grande espada pendia em sua cintura, e seu peito, sob a grande barba prateada, era coberto por um peitoril de ouro, ornado com pedras preciosas. Nos pés tinha sapatos brancos com pontas reviradas.

O velho abraçou Agasther – outro nome de Laquedem – e nos olhou demoradamente, analisando. Depois de haver trocado algumas palavras com nosso guia, ele levou aos lábios um pequeno corno de marfim e um apelo sonoro soou. Uma criança chegou vestida de branco, como os dois meninos que nos tinham recebido. Ela me conduziu por uma das galerias a um quarto ricamente guarnecido, onde eu vi uma cama já preparada e um repasto sobre a mesa.

– Restaurai-vos e dormi! Eu virei vos procurar quando seja hora.

Depois de ter pronunciado essas palavras, a criança saiu. Comi com um apetite que nem me lembro mais quando havia comido assim tão bem. Sentia-me bem melhor. O ar parecia-me bem mais leve naquela região, mais puro e saturado de aromas vitalizantes. O desejo de viver renascera em mim...

Após haver saciado a fome, examinei meu alojamento. A câmara onde me encontrava devia ser uma gruta transformada em moradia. Os móveis eram muito ricos e de um estilo que me era desconhecido. O tecido das cortinas era-me também desconhecido, e pareceu-me feito de fios de metal. Presumindo que um dos cortinados da porta escondia a entrada em uma peça vizinha, levantei a cortina e não pude reprimir um grito de entusiasmo.

Eu me achava diante de uma janela cavada na rocha. Ela dava para uma paisagem verdadeiramente mágica: um profundo vale interior, cercado de todos os lados por rochas enormes. Acima dessa massa negra, como uma abóbada de safira sombria, estendia-se o céu semeado de estrelas. Um lago ao fundo do vale refletia como um espelho a lua cheia.

Grutas profundas, de formas fantásticas, e aclaradas por uma luz azulada, alongavam-se ao redor das águas e suas extremidades desvaneciam-se em misteriosas penumbras. Percebi numa das grutas degraus de uma escada estreita, cavados na pedra e desaparecendo com as abóbadas. Barcas estavam atracadas em numerosos pontos da margem. Dois grandes cisnes vogavam com majestade sobre as águas escuras e imóveis. Toda paisagem respirava uma indefinível serenidade e agia favoravelmente sobre minha alma dolorida e agitada.

Só me deitei após ter fruído plenamente a contemplação daquela vista magnífica e então adormeci logo. Meu jovem guia acordou-me e ofereceu seus serviços para me vestir. A criança conduziu-me a uma peça contígua onde me ajudou a que me banhasse em uma bacia de pedra azul e cheia de água aromatizada. Vesti-me de novo com uma roupa semelhante àquela que trazia o velho que nos havia recebido. Depois meu pequeno pajem amarrou minha cintura com um cinto – mas neste não havia espada – e passou em meu pescoço uma cadeia ornada de pedrarias negras sobre a qual pendia um pentagrama vermelho, de esmalte; no centro encontrava-se uma pedra transparente, onde parecia brilhar uma chama.

A criança olhou-me; reparando, sacudiu a cabeça e disse:

– Quanto sangue sobre vós, meu irmão!

Depois, notando minha emoção, mudou logo de conversa e indicou-me um grande cofre em prata cinzelado, ornado de esculturas em turquesa; ali eu deveria arrumar os adereços que usava e com os quais eu me serviria a cada vez que ali chagasse.

O pequeno acendeu uma vela e nós saímos; eu o segui silencioso. Assim atravessamos muitas galerias. Enfim, uma porta maciça abriu-se diante de nós e eu me vi em um salão. Todo o magnífico brilho de luzes douradas parecia cair do teto, refletindo-se nas lajes de mármore e mosaico do chão.

O terror tomou-me; o coração parecia parar de bater e a respiração me faltou. Eu teria certamente caído se a mão forte de alguém não me houvesse amparado. Quando meu mal-estar passou, vi Isaac Laquedem –

foi ele que me sustentou e murmurava em meu ouvido palavras de encorajamento. Ele trazia a mesma roupa que eu, mas em sua cabeça havia uma fina coroa de ouro com uma estrela no meio da testa que irradiava raios fulgurantes. Acalmado, caí de joelhos e olhei ao meu derredor.

Em seguida vi nos dois lados da sala homens vestidos de roupas brancas e mulheres com o rosto coberto por um véu. Todos estavam ajoelhados e absorvidos na oração. Somente então reparei que a abóbada abria-se sob o céu e torrentes de luz inundavam o templo, não sendo mais que raios de sol.

Ao fundo da sala percebia-se uma espécie de pavilhão sem teto, todo em prata e ornado de colunas de lápis-lazúli. Na dianteira, o pavilhão ficava completamente coberto. Percebiam-se degraus conduzindo a um grande trono onde brilhavam velas acesas num candelabro de ouro com sete braços. No centro do trono achava-se uma grande taça, cercada de um vapor claro e fosforescente.

Sobre os degraus do trono, recobertos de tapete, achava-se um velho de barba branca, vestido como nós, com certa diferença – o tecido brilhante de sua roupa emanava, a cada um de seus movimentos, raios multicores. Na cabeça daquele Grande Sacerdote havia uma coroa com sete dentes, tendo na ponta de cada extremidade uma chamazinha. Tinha na sua mão uma espada curta e larga com a qual traçava no ar signos misteriosos.

Nos dois lados do trono, sobre o último degrau, dois cavaleiros estavam imóveis: um vestido com armadura de ouro e o outro com armadura de prata; em suas mãos, espadas. Viseiras erguidas descobriam seus rostos bonitos, severos e serenos.

Estava abismado com a contemplação daquelas figuras quando, súbito, um canto majestoso ressoou, acompanhado por um órgão. A melodia era estranha; mas é necessário tê-la ouvido para se compreender a ação extraordinária daquela música.

Os sentimentos que fez nascer em mim aquela música maravilhosa, nunca antes ouvida, mataram o homem antigo que eu era. Então os dois cavaleiros que estavam perto do altar trouxeram uma grande taça de ouro, e, ajoelhando-se, tomaram-na em suas mãos.

Depois o Grande Sacerdote desceu a escada, trazendo pequeno frasco de cristal, cheio de um líquido cor de sangue e uma pequena colher de ouro. Com isso ele tomou o líquido vermelho em quantidade correspondente ao número de assistentes, enchendo o grande copo de ouro.

Daí o Grande Sacerdote levou de novo ao trono o copo de cristal, desceu novamente a escada e chamou um a um todos os presentes. A gente se aproximava e o Grande Padre derramava um pouco do líquido sobre nossa cabeça.

Enfim, o Grande Pai chamou Laquedem, Laura e eu. Ao ouvir meu nome estremeci, mas Isaac me tomou pela mão e me conduziu ao dirigente. O Judeu Errante apresentou-nos, contou em detalhes nossa história e pediu ao Grande Pai que nos acolhesse. Este teve um gesto de consentimento. Depois, após haver derramado sobre a cabeça de Isaac um pouco do licor misterioso, o Grande Padre fez sinal para que me aproximasse.

Ele derramou o licor misterioso sobre minha cabeça e senti, pareceu-me, como queimaduras sobre a pele. Tomou de sobre uma bandeja de ouro que lhe trouxeram, um punhal que me estendeu, pronunciando.

– Eu te armo com esta lâmina mágica, a fim de que tu possas te defender contra os espíritos sofredores e vingativos que te perseguem. Não esqueças minhas palavras: tu não tens o direito de te servir senão desta arma – somente dela.

– Ela aqui está – ajuntou o Holandês Voador – indicando o punhal que pendia agora em sua cintura.

– Após ter posto o punhal em minha cintura, o velho colocou em meu dedo um anel, dizendo:

– Guarda este anel, pois será o signo de tua admissão ao grupo de irmãos da Mesa Redonda da Eternidade e receba, ao mesmo tempo, o nome Dakhir. Assim será teu nome em nossa Confraria. Quando estiveres em teu navio maldito e a angústia e a solidão te conduzirem ao desespero, tu soarás o sino... os sons chegarão até nós e te atenderemos. Além disso, podes descer às vezes a terra e tomar contato com os homens, mas não por muito tempo – três dias e três noites. Agora vai aproveitar as horas que te restam junto a teus irmãos da sociedade.

Eu beijei a mão do velho e levantei-me; Laura, pálida e abatida, aproximou-se dele.

– Tu te abandonaste ao ódio cego e à sede de vingança. Por teu crime eu devo te condenar à solidão. Aos mortais que te vejam, tu trarás má sorte. Assim, toma cuidado em não aumentar o número de tuas vítimas.

Nós ficamos três dias naquele palácio misterioso; todos os que habitavam aquele lugar de repouso e felicidade conduziam-se para conosco como se fôssemos todos irmãos.

Os seres que pertenciam às gradações superiores da Hierarquia entregavam-se na maior parte do dia a trabalhos aos quais eu não era admitido. A certa hora determinada, todos se reuniam na grande sala que você também verá. Lá, sobre uma grande távola redonda, acha-se um copo de ouro, sempre cheio de uma substância desconhecida. Ele passa de mão em mão e todos bebem um gole.

– Desculpe-me, meu irmão – interrompeu Morgan. – Você falou mais de uma vez do Graal,[1] como de um

[1] Graal, ou Santo Graal, vaso de que Jesus Cristo se teria servido na última ceia e no qual José de Arimatéia teria recolhido o sangue que escorreu do flanco de Jesus, ferido pelo centurião. Nos séculos XII e XIII numerosos romances de cavalaria contam a busca do Graal pelos Cavaleiros do Rei Artur. As obras mais

objeto real e tangível; mas se sabe pela História que ele apenas é uma alegoria poética, nascida provavelmente na Provença e glorificada por Wolfrain d'Eschenbach, cavaleiro trovador do século XVIII.

Dakhir sorriu.

– A história do Graal, conforme é contada por d'Eschenbach, e antes dele, pelo provençal Guyot de Provins, Chrétien de Troye e outros, representa, com efeito, uma invenção poética. A base mesma da lenda, lembrando a existência do elixir da longa vida, constitui uma verdade sobre a qual nem você nem eu podemos ter de fato certeza. Tais foram os esforços dos Irmãos da Távola Redonda da Eternidade para guardar o segredo, mas certas coisas foram reveladas. Do mais profundo dos séculos, de povo a povo, revestida das crenças e dos costumes da época, essa lenda, alterada, aumentada, desfigurada, atingiu a Idade Média quando d'Eschenbach e seus predecessores deram-lhe uma nuance cristã. O sangue do Salvador tornou-se para eles a Essência da Vida; o ver a taça já assegura a imortalidade; e nosso asilo secreto transforma-se em

---

conhecidas são as de Chrétien de Troyes, de Robert de Boron e de Wolfram von Eschenbach, que inspirou a Wagner seu "Parsifal". (Koogan – Larousse Seleções) - Nota do tradutor.

templo inacessível do Graal que os cavaleiros da Távola Redonda procuram.

– Se as narrativas celtas e normandas, e mesmo os poemas provençais nos fossem conhecidos sob suas formas primeiras, você sentiria os traços mais claros do original dessas lendas. Mas as fontes são perigosas. A última sobrevivência das narrativas originais que era ainda conservada pelos Albigenses foi destruída pela Inquisição. Apenas restam alguns poemas de poetas germânicos. A nossa confraria é chamada de A Confraria do Graal somente para empregar um termo conhecido nosso e que vem de uma palavra pronunciada outrora: Saing Real,[2] que significa Sangue Real. Essa apelação alegórica é bastante verdadeira, pois a substância da vida constitui, em verdade, o sangue real da natureza.

– Agradeço-lhe, meu irmão, o esclarecimento. E agora queira continuar seu interessante relato – disse Morgan.

– Acabou. Quando saí do Santuário, muito emocionado ainda, vi Laura. Ela aproximou-se de mim e propôs-me ver o lugar onde ela estava condenada a viver só.

---

[2] Original francês; em francês atual é Sang - Nota do tradutor.

Fomos. Laura conduziu-me à borda do lago. Depois pegamos pequena gôndola numa escada que subimos para nos encontrar numa grande gruta. Uma fonte saía de uma das paredes e enchia, com sua água cristalina, uma grande bacia de pedra e desaparecia com ruído, em uma abertura da rocha; ao fundo achavam-se um leito e uma mesa sobre a qual eu percebi um livro, uma ânfora, um copo e velas. Em um dos ângulos da parede de rocha, uma cruz tinha sido incrustada e diante dela brilhava uma pequena lâmpada.

– Estou condenada a viver aqui! Cada semana um pequeno servidor do Templo trar-me-á alimento e vestes limpas. Poderei me banhar nessa bacia. Devo passar o tempo lendo este livro e estudando – disse Laura; e seus lábios tremeram. – Amanhã – ajuntou ela –, o caminho que conduz ao lago será fechado. Para respirar o ar fresco, devo subir lá...

Laura indicou uma escada em espiral que eu não tinha ainda visto.

Subimos essa escada e achamo-nos sobre uma pequena esplanada, bem no cume da rocha. Daquela altura vertiginosa o oceano deserto se estendia a perder de vista; a nossos pés se balançava docemente, velas baixas, meu navio que a lua iluminava.

Uma tristeza inexplicável apertou meu coração. Certamente Laura devia experimentar a mesma angústia, porque bruscamente ela caiu de joelhos e, agarrando minha mão, gritou com voz entrecortada de soluços:

– Leve-me com você, Dakhir! Nesta solidão terrível, com esta vida eternamente monótona, perderei a razão... Preferia estar com você, seu navio, e partilhar a vida errante.

Laura estava maravilhosamente bela em seu desespero, que meu coração fremiu. Logicamente se ela pudesse ser minha companheira em minha cabina solitária, meu futuro teria perdido a metade de seu horror. Mas eu compreendia que não tinha o direito nem a possibilidade de atender ao desejo da infeliz que, por minha culpa, encontrava-se naquela voragem.

Eu a levantei e estreitei com força suas mãos, dizendo:

– Não, não, Laura! Nós devemos seguir o caminho que nos indicam nossos mestres. Voltarei a cada sete anos.

Laura estava muito pálida, mas dócil a seu destino.

– Tem razão, Dakhir! Submeter-me-ei e aguardá-lo-ei com paciência, pois enfim, você é o único ser que eu conheço aqui.

Hora da partida. No grande vestíbulo todos os irmãos do Graal já estavam reunidos. Isaac de Laquedem vestia sua roupa de peregrino, e todos os que deixavam o templo haviam se despojado de suas brancas vestes brilhantes.

Abraçamo-nos todos pela última vez. Depois o bloco maciço de pedra se abriu e eu vi meu navio perto do qual se achava também um outro barco que, sem dúvida, levaria outros viajantes. Com o coração dolorosamente oprimido, subi rapidamente a meu navio. Isaac Laquedem seguiu-me e nós partimos logo. Por um minuto vi sobre o cume da rocha a silhueta branca de Laura, inundada de luz da lua. Depois tudo desapareceu no nevoeiro.

Muito angustiado, desci para minha cabina. Notei então que transformações importantes tinham tido lugar em meu navio. Todo espaço ocupado outrora por meus marinheiros estava dividido em muitas cabinas. Na maior delas eu vi um sino metálico, e, à parte, um objeto recoberto por um estofamento preto.

Espantado, olhava minha cabina, quando meu companheiro entrou.

– Vim lhe dar umas explicações necessárias – disse Isaac Laquedem; – este sino o põe em comunicação com o Palácio do Graal.

Depois ele tirou o estofamento preto e descobriu uma placa metálica refletindo todas as cores do arco-íris.

– Eis um espelho mágico sobre o qual você verá todos os navios condenados a perecer. Aparecerá você como anunciador de naufrágio e de morte. Mas seu dever será, por todos os meios ao seu alcance, e sem se trair, salvar ao menos um da desgraça que ocorrerá. Nunca deve arriscar sua vida, mas sim sofrer todas as dificuldades, as fadigas, o esforço de um simples marinheiro que se sacrifica para salvar seu próximo.

Na manhã seguinte, eu estava só. Meu navio, que era dirigido por mãos invisíveis, vogava a velas soltas sobre as ondas, desprezando as tempestades. Quando o mar estava calmo, ou nas mais terríveis tempestades, ele se balançava docemente sobre as cristas das ondas.

Um dia, durante uma tempestade assustadora, veio-me o desejo de olhar o espelho. Tirei a cobertura. Primeiramente nada vi e apenas gritos de terror longínquo chegaram a meus ouvidos. Depois, no fundo mesmo do disco brilhante e multicor, desenharam-se o oceano bravo e uma grande galera, com mastros quebrados, ameaçada de soçobrar[3].

Compreendi que o caso se apresentava como Agasther me havia dito. Devia salvar a galera. Rapidamente subi à ponte.

Com rapidez incrível meu navio deslizou sobre as ondas furiosas e logo vi a galera que naufragava; e passei como um fantasma, quase tocando de leve em seu casco. Assim que estive fora da visão dos náufragos, meu navio parou. Desci para uma pequena barca e consegui a custo chegar ao lugar da catástrofe, onde flutuavam os restos do navio. Consegui salvar duas crianças. Como não podia deixá-las perto de mim, fiz com que chegassem a terra, tão cedo quanto me foi possível, fazendo-lhes doação de uma soma bem grande em peças de ouro.

---

[3] Soçobrar: afundar, naufragar - Nota do editor.

– Além disso, já lhe disse, levo esta existência monótona e solitária. Você vai aprender também, Supramati, segredos espantosos e terríveis, e um novo mundo se abrirá diante de você. Mas não tenho o direito de lhe falar disso antes da hora.

Dakhir calou-se e fincou os cotovelos na mesa, segurando o queixo, sonhador.

Morgan também permaneceu calado; pensamentos os mais contraditórios passavam por sua cabeça. Ralph indagava-se por momentos se não havia perdido a razão e se o mundo fantástico que ali tomava corpo não era produto de sua cabeça doente... Os céticos mais ferrenhos do século XX iriam considerar tudo aquilo uma fábula insensata.

E Ralph lembrou-se subitamente de um velho marinheiro que conhecera na infância, quando vivia com sua mãe, numa cidadezinha à borda do mar: o marujo lhe contara que havia visto o barco fantasma. E quando Morgan, já incrédulo, quisera caçoar daquela alucinação, o velho lobo-do-mar franzira as sobrancelhas e observara severamente:

– Não ria, menino, do que não pode compreender! Eu repito: meus olhos viram o navio fantasma e seu capitão. O olhar daquele espectro me fez tremer de pavor. A gente podia dizer que esse terrível anunciador da morte sofre ele mesmo com sua missão cruel... Eu fui o único que se salvou naquele dia...

– Então o capitão Joe Smith chamava espectro àquele que estava ali sentado comigo à mesma mesa; e seus olhos tristes e profundos, que tinham feito tremer o corajoso marinheiro, olhavam Ralph com ligeira ironia.

Para dissipar o terror que nascia nele, Morgan interrogou o Holandês Voador:

– Você conhece, Dakhir, a história de Isaac Laquedem, e a verdadeira causa de sua vida errante?

– Não; os detalhes de sua vida me são desconhecidos. Apenas sei que, quando lhe confiaram um frasco cheio da essência de vida para levar a alguém que devia se tornar membro da confraria, após ter recebido a primeira iniciação, Isaac compreendeu, eu não sei como, a finalidade do possante elemento, e o tomou por si mesmo. Depois, aterrorizado pelo abuso de confiança do qual se sentia culpado, fugiu, temendo a vingança dos senhores, cujos poderes ele conhecia muito bem. Mas, repito, ignoro os detalhes...

Dakhir olhou seu relógio e se levantou.

– É tarde, meu irmão, e é sábio que repousemos. Apesar de termos vida imortal, o sono nos é necessário também. E eu lhe juro – as recordações que evocamos fatigaram não meu corpo, mas minha alma.

A voz de Dakhir traía uma tristeza indefinível e uma grande lassidão. Ele encheu um copo de vinho e tomou-o de um trago; depois, após ter conduzido Morgan a uma cabina onde pendia uma rede de descanso, desapareceu.

Morgan deitou-se logo. Sentia a cabeça pesada e experimentava o desejo urgente de repouso e esquecimento.

Não poderia precisar o número de horas que dormiu. Uma mão roçou nele levemente e uma voz sonora o acordou. Ele ouviu:

– Levante, Supramati! Estamos no fim da viagem.

– Oh! Parece que dormi tanto! – exclamou Morgan, saindo da rede.

– Sim, muito – respondeu Dakhir, sorrindo. – Vista-se rapidamente e vamos jantar, senão você se arrisca a ficar com fome até amanhã de manhã.

Quando Morgan entrou na cabina onde Dakhir o esperava, viu uma mesa luxuosamente servida. Ao se sentar, perguntou a seu companheiro:

– Diga-me, Dakhir, quem lhe prepara estas comidas requintadas? Onde compra estes frutos e estes outros alimentos que vejo aqui?

– Eu não compro nada.

– Como, então?

– Tenho à minha disposição servidores que me fornecem todo o necessário.

– Onde eles estão? Não os vejo nunca – disse Morgan, espantado.

– Talvez os veja um dia. Mas não me pergunte.

O jovem homem compreendeu que de novo tocava num mistério. Calou-se, olhando com piedade o rosto pálido e me lancólico de seu companheiro e seus grandes olhos pensativos. Dakhir inspirava-lhe a mais viva simpatia e ele desejava firmar mais sua amizade com o Holandês.

Após se sentirem restaurados, ambos subiram à ponte, onde já se encontrava Agasther, silencioso e concentrado.

Para não interromper a meditação do velho, os jovens dirigiram-se até a proa do navio e fixaram o oceano calmo e mudo.

A noite estava maravilhosa. A lua aclarava tão fortemente o espaço, que os horizontes bem longe se descobriam facilmente. Então a massa negra da ilha rochosa emergiu do oceano. Dakhir pronunciou com um sorriso:

– Eis o Palácio do Graal!

– Em verdade, parece-me que estou transportado para um país de sonhos – anotou Morgan. – Tudo fala aqui contra a razão. Se em Londres eu contasse em minha clínica esta viagem sobre o navio fantasma, o Palácio do Graal, e a companhia do Judeu Errante, meus interlocutores me poriam camisa-de-força na mesma hora e me fechariam como um demente dos mais perigosos.

O Holandês guardou silêncio e seu olhar pensativo parou sobre a linha rochosa, cheia de mistério, cujos contornos nus e dentados se desenhavam sobre o azul sombrio do céu.

– Olhe, Supramati! – gritou subitamente. – Vê aquela mancha branca que parece brilhar lá, bem em cima do rochedo? É Laura que me espera.

Supramati – assim chamaremos Morgan daqui para frente – pousou a mão sobre a espádua de seu amigo e, olhando maliciosamente seus olhos sonhadores, disse:

– Começo a crer que o ódio da bela Laura se transformou em amor, depois de longo tempo; não mais é um inimigo que ela espera com esta impaciência!

Dakhir suspirou.

– É verdade! Ela me ama e tem pressa em se unir a mim.

– Foi isso o que o fez suspirar? Você ama então essa criatura adorável, ou ela está mais bonita? Se eu pudesse, gostaria de vê-la com seu binóculo...

– E por que não? Olhe lá! – respondeu Dakhir com ligeiro sorriso.

Rápido, Supramati desceu para a cabina e veio com um binóculo que apontou na direção da silhueta branca, mais nítida e clara, de minuto a minuto, sobre a rocha.

– Grande Deus! Mas ela é soberba como uma aparição celeste! Será possível que não fiquemos encantados com esta mulher adorável que o espera tão fielmente?

– Não, não a amo mais. Se ela não me tivesse apunhalado, eu teria ficado o que era e Isaac Laquedem não teria tido a ideia de me presentear com a imortalidade. Hoje eu repousaria com todos os meus ancestrais – respondeu Dakhir, cujo rosto se ensombreceu. – Entre Laura e mim se colocam seus malefícios que me condenam a errar e todo seu amor não os pode fazer desaparecer. Gostaria de amar uma pessoa comum, uma mulher mortal, afetuosa e delicada como uma borboleta que a gente receia perder.

Isaac Laquedem aproximou-se dos dois amigos. O navio parou, tendo tocado a borda da rocha. Supramati examinou atentamente os olhos do velho que, lentamente, três vezes gritou o seu nome com grande força. Os olhos sombrios de Agasther exprimiam inteligência e energia, mas não bondade.

Os fenômenos que tiveram lugar desviaram a atenção de Supramati, que fixou curioso a entrada iluminada do lugar cheio de mistério onde iriam penetrar.

As coisas sucederam como Dakhir lhe tinha descrito: uma criança conduziu Supramati para um quarto onde passou a noite. De manhã foi vestido com a roupa da Ordem e levado para uma grande sala onde a imponente cerimônia teve lugar, conforme o já relatado por Dakhir.

Quando o Grande Sacerdote chamou Supramati, ele se aproximou, tremendo de emoção. O Padre derramou sobre sua cabeça a essência vermelha e depois disse:

– Herdeiro escolhido por Naraiana, agora tu és recebido como membro dos Irmãos da Távola Redonda da Eternidade.

O velho tomou de sobre o altar uma pedra talhada em forma de coração, vermelha como um rubi, em seu centro como que brilhando uma chama, e prendeu-a ao pescoço de Supramati.

– Recebe, Irmão Supramati, este poderoso talismã curador! Ele te permitirá apaziguar o sofrimento de qualquer um. Mas me permita dar uns conselhos. Para adquirir a serenidade lúcida, necessária, é preciso esvaziar a taça profunda da vida e imergir no conhecimento das paixões que agitam o mundo para onde tu vais voltar. Assim, então, mergulha na multidão, no mercado intenso onde tudo se compra e tudo se vende. Vai, meu filho, e te precipita nesse turbilhão que é a vida! Quando tiveres livremente exercido a faculdade de apreciação, teu sangue se transformará e teu pensamento purificado te elevará longe, acima da tropa humana. Isto se dará quando todo este trabalho preparatório estiver acabado e somente tu serás capaz de abrir o grande livro do Conhecimento Superior e procurar a Causa das Causas.

O velho se calou por instantes. Depois, voltando-se para a assembleia, declarou:

– Meus irmãos! Resta um dever a cumprir. É necessário que rompamos os liames que unem ainda o traidor Naraiana à causa que ele abandonou. Com efeito, Naraiana voltou ao mundo invisível antes da hora; só poderemos partir quando nossa missão tenha sido cumprida.

Todos recuaram e formaram um grande círculo no centro do qual duas crianças colocaram um tripé com carvões e um copo largo e raso, contendo uma substância branca.

Então o Grande Sacerdote aproximou-se, colocou o copo sobre os carvões e nele derramou algumas gotas de um frasco que pendia em sua cintura.

Logo trovões longínquos troaram e a sala tornou-se escura como noite. Repentinamente um raio cortou o espaço e acendeu os carvões do tripé que queimaram com chama multicolorida. Uma coluna de fumaça subiu, depois desceu ao chão e desdobrou-se em espiral, como os anéis de uma grande serpente. Explodiu a tempestade. Raios e trovões sucediam sem parar. A terra tremia e parecia se colocar em movimento. Criaturas estranhas e terríveis apareceram de todos os lados; umas eram aladas, com cabeças de esfinge e pássaro; outras rastejavam, tendo cabeças humanas, mas com expressão de animal ardiloso, cruelmente infernais.

Supramati apoiou-se a um pilar, olhando com curiosidade e horror aquela tropa odiosa que se apertava ao redor do tripé, enchendo o ar de gritos agudos terríveis.

Subitamente apareceu uma coluna nevoenta vermelha, que se abriu, descobrindo uma figura humana. Toda a silhueta – e, mais que tudo, a cabeça – desenhava-se nitidamente sobre o fundo vermelho-sangue da nuvem.

Um grito abafado saiu dos lábios de Supramati ao reconhecer o estranho que vinha até ele. Uma espécie de fita vermelha de fogo ligava o "falecido" Naraiana – ao tripé sobre o qual brilhava a chama misteriosa, e esta expandiu então um perfume forte.

– Eu desliguei os laços que não tinha mais força para carregar – disse a voz sonora de Naraiana. Não fiz mal a ninguém e achei um homem mais digno que eu de trabalhar com vocês... e o escolhi como meu herdeiro.

– Tu desejaste a liberdade, tu a terás! Vais te arrepender de teu ato. Mas não cabe a nós chorar e lamentar um servidor infiel da verdade – respondeu o Grande Padre, levantando a espada.

Pronunciou algumas palavras que Supramati não compreendeu e a espada se abaixou com a rapidez de um raio sobre a fita vermelho-sangue que unia Naraiana ao tripé. Um berro terrível soou, acompanhado de ribombos de tempestade, e a figura de Naraiana se dispersou em uma multidão de faíscas. Uma coluna de fumaça e fogo turbilhonou um momento sobre o tripé e depois tudo se extinguiu. A noite se dissipou e os raios de sol de novo inundaram a sala com sua luz alegre.

Supramati acreditava haver sonhado aquela horrível visão, se bem que o tripé vazio e o fogo extinto lhe demonstrassem a realidade do que havia acontecido. Ele se voltou suspirando e foi somente então que viu Nara no meio de outras mulheres, entre as quais também se achava Laura. O olhar brilhante da jovem mulher parecia procurar na multidão a alta figura de Dakhir.

À vista de sua noiva, que lhe pareceu ainda mais bela, o coração de Supramati bateu com mais força. Quis se aproximar de Nara quando o Grande Sacerdote chamou-o e disse com benevolência:

– Tu aceitaste a herança de Naraiana? Consente também em te tornares esposo e protetor de sua viúva?

– Sim. Ela representa para mim a parte mais cara e mais sagrada da herança – respondeu Supramati.

Bem no fundo da sua alma ele estava feliz com

aquele compromisso, porque Nara o tinha enfeitiçado realmente.

– Nesse caso, aproxima-te; vou vos unir!

Duas crianças trouxeram o tripé e colocaram diante do altar um coxim de púrpura, bordado em ouro. Em seguida duas mulheres se aproximaram de Nara: uma delas trazendo uma coroa de flores brancas que Supramati nunca tinha visto igual; a outra, um véu extraordinariamente leve e transparente. Antes de enfeitar a cabeça da noiva, as mulheres uniram a mão de Nara à de seu futuro marido. Nara e Supramati ajoelharam-se sobre o coxim. Dois cavalheiros postaram-se ao lado de ambos, cruzando-lhes sobre a cabeça espadas em cujas pontas brilhava uma pequena chama dourada.

O Grande Sacerdote tomou de sobre o altar uma bandeja e ali fez queimar um líquido incolor que exalou perfume sutil e agradável. Depois o velho colocou os anéis de casamento nos dedos dos jovens nubentes e, levantando Nara, levou-a atrás do altar, em capela que era recoberta por uma cortina tecida em fios de prata.

Os dois voltaram alguns momentos após. Nara parecia emocionada; cabeça baixa, retomou seu lugar sobre o coxim.

Então o Grão-Sacerdote tocou-lhe a testa com um bastão de marfim, dizendo:

– Suprimo o passado. A ti, Nara, somente o presente e o futuro existem de agora em diante. És digna de nova vida! Sê fiel e amorosa, a fim de te tornares livre.

Depois de Supramati e Nara terem bebido da mesma taça de vinho, ambos se levantaram.

– Segui o mesmo caminho! Os laços de fogo vos reúnem e nada vos pode separar – pronunciou o velho.

Dois cavaleiros tomaram as mãos dos novos casados e os reconduziram até as portas da sala. Os outros assistentes separaram-se também.

– Agora podemos fruir nossa presença mútua até o jantar – disse Nara com seu tom habitual, despreocupado e trocista.

Supramati sentia-se muito feliz para notar essa intenção.

– Quer vir ao meu quarto? – perguntou ele alegremente.

– Por que não? Leve-me lá.

Quando se acharam no quarto de Supramati o

jovem homem atraiu Nara em um abraço, beijou-a e murmurou:

– Não podia pensar que a felicidade me sorriria tão depressa!

– É felicidade conseguir a herança de um viúvo e de possuir, além disso, uma mulher imortal? – observou Nara, mordaz, desembaraçando-se do abraço de Supramati.

– Considero esta herança uma verdadeira felicidade. E gostaria de resolver já com você o problema de nossa residência. Atualmente Veneza não me parece propícia.

– Mas que pressa, Supramati, esquecendo o que nós combinamos! O mundo não nos conhece senão como pessoas comuns. A cerimônia de hoje não tem para os mortais nenhum sentido. Até o dia em que meu luto tenha fim, nós devemos ficar estranhos um para o outro. Depois celebraremos nosso noivado e nosso casamento como todos os homens. Para o momento você viaja, visita as grandes capitais e se diverte.

– Como você é cruel, Nara, e justamente quando nos uniu a lei desta poderosa confraria! Não insisto e respeito seu querer, mas nossa separação me será muito penosa...

– Você sempre se esquece que o Elixir da Vida não o privará de nenhum dos instintos do homem. Nossa separação parece-lhe penosa unicamente porque você ainda não viveu rico e bem afortunado, numa grande cidade, cheia de tentação e habitada por uma multidão de mulheres que vivem em libertinagem...

– Até você esquece que sou um homem casado.

Nara sorriu maliciosamente.

– Mas o casamento nunca foi obstáculo nem ao marido nem à esposa... você ainda é ingênuo, Supramati, e inexperiente... Mas paciência! Você verá por si mesmo em que você se tornará com sua chegada a Paris... você vai para o palácio que lhe legou Naraiana e o boato irá se espalhar na capital – o nababo chegou! Amigos acorrerão de todas as partes, esforçando-se para o arrastar aos prazeres... Você ainda não viveu as alegrias de se sentir senhor dos bastidores do teatro, de organizar todos os divertimentos que pedem "essas mulheres". E qual o mais nobre divertimento senão aquele de ajudar os talentos que pululam na boemia dos teatros?...

Supramati escutava, mudo de espanto. Nara falava com acento de amargura aguda e a chama sombria que brilhava em seu olhar traía os sentimentos reprimidos que agora saíam dela com força, livremente. Naraiana deveria ter ofendido profundamente aquela mulher para lhe inspirar tal desprezo com respeito aos laços sagrados que unem dois seres.

Agora ele compreendia por que Nara não tinha chorado por seu marido quando soubera de sua morte.

O som de um sino que chamava ao repasto da tarde interrompeu a conversa; ambos se dirigiram à sala de jantar onde os irmãos reunidos festejaram o casamento de Nara e Supramati.

Dois outros dias se escoaram como num sonho. Supramati visitava o castelo misterioso cuja ordem grandiosa provocava seu entusiasmo. Ele estava se ligando a todos aqueles irmãos. E nesses entretenimentos com eles, cheios de interesse, as horas voavam como se fossem minutos.

Pouco antes de partirem, Nara teve uma última conversa com Supramati, aconselhando-o a ir diretamente a Paris; ela própria iria a Veneza. Deu a Supramati o endereço do palácio que Naraiana possuía na capital francesa. Mas quando ele sugeriu se corresponder com ela, Nara recusou categoricamente. Ele deveria se considerar absolutamente livre. Após ter afetuosamente se despedido de Supramati, Nara se retirou; ele não mais a viu.

Assim que a noite caiu, Supramati, Isaac Laquedem e Dakhir subiram ao navio e logo a ilha do mistério se desvaneceu na neblina.

No dia seguinte de manhã, o Judeu Errante tinha misteriosamente desaparecido e o navio fantasma dirigia-se rapidamente para as margens francesas.

Capítulo V

Eram aproximadamente seis horas quando Supramati desceu de seu compartimento e marchou lentamente para uma saída da gare Saint-Lazare em Paris.

O príncipe logo percebeu um valete vestido com a mesma libré que usavam os servidores de Naraiana em Veneza; Supramati chamou-o. E alguns minutos depois um rápido e luxuoso automóvel levou-o até seu novo castelo.

Foi com um sentimento delicioso de bem-estar particular e alegria que Supramati encostou-se à maciez de seu carro. "Em verdade, não posso compreender como alguém pode se cansar de levar esta vida agradável, mesmo que ela durasse mil anos, quando se frui eternamente de saúde e se regozija no luxo. Oh! Se eu fosse pobre, com dor, nu, com fome, trabalhando sempre como uma besta de carga, certamente recusaria tal perpetuidade de experiência", pensou Supramati.

Nunca havia estado em Paris; também não tinha nenhuma ideia de onde ficava sua residência; olhando com curiosidade ao redor de si, Supramati adivinhou que se achava nos arrabaldes; bem depressa o automóvel virou em uma ala de carvalhos e entrou em um parque sombreado que bordejava um alto portão de bronze. Depois um castelo estilo Luiz XIV mostrou-se e o automóvel parou à frente da escadaria.

Todo o pessoal doméstico estava perfilado na entrada para saudar seu senhor. O intendente, um velho, abriu logo a Supramati todo o belo andar reservado às recepções; os apartamentos pessoais do príncipe estavam no primeiro andar.

Precedido pelo intendente e acompanhado de seu futuro criado de quarto, Supramati subiu a escada forrada com rico tapete e ornada de plantas raras, para visitar seus apartamentos.

Todo mobiliário correspondia ao estilo do edifício:

tudo era da época do Grande Rei. Ali, muito mais que em Veneza, tudo lembrava Naraiana. Este deveria ter vivido muito mais em Paris que na Itália. No salão todo revestido de seda branca, o retrato ao fundo do finado, em tamanho natural, estava incrustado em moldura de ouro maciço. Um livro aberto tinha sido deixado sobre a mesa, no gabinete de trabalho. Cartas enchiam a escrivaninha, umas já abertas, outras ainda fechadas. Supramati viu uma folha de papel coberta de muitas linhas escritas; ali perto, uma pequena pilha de peças de ouro negligentemente jogadas.

O quarto de dormir guardava também os traços numerosos da permanência de seu último locatário. Livros e revistas formavam pirâmide sobre a mesa de cabeceira e misturavam-se com diversas bagatelas espalhadas sobre o divã e o canapé, perto da janela. Essa desordem provava que os domésticos velavam atentamente para que seu senhor reencontrasse todas as coisas, exatamente da maneira com ele as havia deixado.

Depois de ter feito honra a um magnífico jantar, deu ordem para lhe trazerem sua roupa de quarto; Supramati agora estava munido de todo um guarda-roupa adquirido no porto onde ele tinha deixado o navio fantasma de Dakhir; despediu seus valetes e ficou sozinho em seu gabinete de trabalho onde um bom fogo queimava na lareira.

Tendo percebido uma porta semifechada por um pesado reposteiro, Supramati abriu-a e saiu em um balcão todo ornado de flores. Fazia frio, um vento de outono assobiava, sacudindo as árvores já quase desnudas; uma chuva fininha, intermitente, caía. Mas Supramati lembrou-se com profunda satisfação que não mais precisava temer o tempo e se pôs a examinar a propriedade.

Apesar da noite que se alastrava no parque, ele pôde ver ainda um magnífico jardim, estátuas brancas entre as árvores e um tanque onde devia correr uma fonte. Abaixo se estendia um terraço bem maior que o balcão em que estava; era bordado com uma balaustrada de onde se via uma escada grande, em mármore branco, que descia para o parque. Outras partes da casa que o príncipe ainda não conhecia deveriam dar para aquele terraço.

– Em verdade sou um camponês que se tornou filho do rei – murmurou Supramati reentrando no quarto de dormir e estirando-se no divã para fumar um charuto.

Seguindo com olhar distraído a fumaça do charuto que subia, ele pensou no que faria naquela cidade completamente estrangeira e onde não conhecia ninguém.

Naturalmente de início visitaria os museus e iria ao teatro. Supramati permitia-se essas alegrias mesmo no tempo de sua pobreza. A única dificuldade residia agora na escolha, na ordem dada para alugar um camarote e se ligar a um grupo. Verdadeiramente aquele divã tão agradável, com almofadas de veludo verde bordadas, era bem melhor que um caixão feito de pinho ou um ataúde, solitário num cemitério. Os poetas descrevem a morte com beleza, contudo sua aproximação faz tremer mesmo os mais corajosos.

Saindo de seu sonho, ele viu junto à parede uma cômoda em madeira rosa parecida demais com aquela de Veneza e isso intrigou-o.

Ele pegou a chave que já lhe servira na Itália e tentou fazê-la entrar na fechadura. A chave entrou na abertura, virou facilmente e a cômoda se abriu.

Feliz, o príncipe reaproximou-se da mesa, pousou

sobre ela um candelabro e empreendeu o exame dos objetos ali escondidos.

Uma caixinha de nácar[1] cheia de peças de ouro e notas bancárias apresentou-se primeiro a seus olhos. Continuou a esquadrinhar a cômoda, espantado de ali ver uma quantidade de roupa íntima feminina que ele nunca pensaria estar ali. Uma gaveta inteira contendo meias de seda, luvas, echarpes e lenços, um par de pantufas de cetim vermelho e até mesmo dois corpetes[2] pretos, ornados de rendas de alto valor.

Uma outra gaveta achava-se cheia de flores artificiais, toda uma coleção de leques e um cofrezinho de pérolas e diamantes.

– Já posso jurar que meu predecessor era um famoso estróina – murmurou Supramati, meneando a cabeça. – Não me espanto que Nara tenha uma opinião tão desfavorável do casamento...

Recolocou no móvel os objetos que tinha retirado, mas empurrou demasiadamente forte uma caixinha no fundo de uma gaveta e um estalido leve se ouviu;

---

[1] Nácar: substância branca, brilhante, com reflexos irisados, que se encontra no interior das conchas - Nota do tradutor.
[2] Corpetes: sutiãs - Nota do tradutor.

Supramati inclinou-se curioso e viu com espanto que a borda metálica da caixinha tinha acionado uma mola escondida, fazendo abrir um compartimento secreto. O príncipe afastou uma tábua e achou um cilindro branco.

Esse pequeno volume tinha sido envolvido com pressa em uma roupa íntima de cambraia franjada de rendas e ao apertá-lo se sentia um objeto duro e longo. Supramati trouxe uma lâmpada, desfez o embrulho e empalideceu terrivelmente.

O objeto que tinha nas mãos era um penhoar feminino com mangas largas e abertas. Na altura do peito via-se um corte em forma de meia-lua, um rombo marcado de uma grande mancha vermelha escura. Toda a parte de baixo do penhoar e as rendas pareciam manchadas de sangue. Um punhalzinho oriental, com lâmina curva de aço de Damasco e cabo guarnecido de pedras preciosas, pendia ainda colado ao penhoar e o punhal também tinha manchas escuras. Tomado de estupor, o jovem doutor olhou as testemunhas mudas de um crime.

Mas quem tinha sido o assassino? Só podia ser Naraiana, o proprietário da cômoda...

Então ele pôde matar? Como pôde desaparecer essa mulher sem deixar suspeitas em ninguém? Teriam procurado por ela? Enfim, quem era a vítima?

O móvel adquiriu aos olhos do príncipe um interesse novo. Talvez em algum canto secredo houvesse outras indicações...

Impaciente, ávido de saber, Supramati vasculhou tudo. Pegou um pedaço de papel amassado e uma corrente de ouro que trazia um medalhão sobre o qual o nome Liliana tinha sido escrito com diamantes. A joia ainda tinha o retrato de uma mulher jovem, cuja beleza era muito original. Olhos grandes, pretos, aveludados, com expressão de desprezo; um sorriso apaixonado nos lábios entreabertos. Cabelos curtos, loiros, enquadravam uma cabecinha encantadora, dando-lhe uma grande parecença com a célebre Hortênsia de Mancini. O pedaço de papel era um cartaz – o assassino havia enxugado seus dedos ensanguentados na parte inferior, sendo as marcas ainda visíveis. Supramati desdobrou o cartaz e leu: Em benefício da cantora, miss Liliana. Na folha estava grafado o ano anterior.

Supramati não entendeu por que Naraiana não tinha

suprimido tão perigosas testemunhas de seu crime; o príncipe, perturbado, arrumou na gaveta secreta aquelas dolorosas recordações do drama sanguinolento e desconhecido. Depois fechou cuidadosamente a cômoda e se deitou. Mas por longo tempo não pôde dormir, pensando sempre em sua estranha e terrível descoberta.

Ele levantou-se tarde. Tinha acabado sua primeira refeição e lia os jornais quando o serviçal trouxe-lhe um cartão de visita; surpreso, Supramati leu – Visconde Marcelo de Lormeil.

– Este senhor já veio outras vezes procurá-lo, Alteza – explicou o empregado.

– Há quanto tempo você serve aqui?

– Apenas há uma semana. Disseram-me que todo o pessoal antigo foi substituído, até o Sr. James. Agora, à espera da volta de Sua Alteza, a casa foi inteiramente reorganizada e James, saindo, nomeou o Sr. Jean Grenier como mordomo.

Supramati refletiu. O visconde de Lormeil deveria ser um amigo de Naraiana que não sabia ainda da morte deste. Talvez aquele visconde poderia se tornar para ele agradável companhia. E, graças a ele, Supramati teria algumas relações em Paris, onde a ninguém conhecia.

– Leve o visconde ao salão e peça-lhe que me espere – disse o príncipe se levantando.

Vestiu-se depressa, depois se dirigiu ao salão; mas antes de entrar, olhou por trás do reposteiro.

O visconde era um homem de uns 30 anos, vestido com elegância muito apurada, andando de um lado a outro a passos largos, impaciente. Podia parecer bonito, mas a palidez doentia, as olheiras e as rugas precoces que cavavam seu rosto emurchecido, envelhecido antes da idade, estragavam seus traços bastante sedutores.

Oh! Eis um homem que deve gozar a vida plenamente, pensou Supramati entrando no salão.

Ouvindo o ruído da porta que se abria, o visconde, parado diante de um retrato, voltou-se depressa e exclamou alegremente:

– Enfim você está de volta, Naraia...

Ele se calou, vendo diante de si um estranho e se desculpou um tanto confuso.

– Queira me desculpar... Haviam-me dito que o Príncipe Naraiana tinha voltado da viagem... sou um de seus melhores amigos, por isso posso vir tão cedo.

– Não há o que desculpar, visconde! – fez Supramati sorrindo e estendendo-lhe a mão. – Disseram-lhe a verdade – eu sou o Príncipe Naraiana Supramati, irmão caçula e herdeiro de seu finado amigo...

– Naraiana está morto?! – gaguejou o visconde tornando-se branco como lençol. É possível?!

– Pois é! É a dolorosa verdade.

O visconde pareceu transtornado; seus lábios tremiam. Depois de um minuto de silêncio, penoso, balbuciou, perdido:

– Mas é incrível!... Naraiana era forte, vigoroso, cheio de vida... poderia viver cem anos.

– Até mais! – respondeu Supramati, divertido interiormente pela resposta assim formulada. – Mas não foi doença que levou meu infortunado irmão... Um acidente estúpido durante uma caçada nos Alpes. Ele caiu e o tombo foi mortal... eu só vi seu corpo enregelado...

– Que infelicidade! Fico desesperado por perder esse amigo... sempre amável e obsequioso... um verdadeiro amigo, dizendo uma só palavra.

"Eu apostava que este caro visconde tinha esperado impacientemente Naraiana e agora estava tão desesperado por estar precisando de dinheiro emprestado", pensou ironicamente Supramati.

Após ter feito seu hóspede se sentar, disse com amabilidade:

– Estou muito tocado pelo interesse que tem neste luto que me adveio... e espero, visconde, que não se recuse a manifestar a meu respeito a amizade que teve por meu finado irmão. Cheguei recentemente à Europa... não conheço ninguém em Paris... e eu seria muito feliz se aceitasse me apresentar à sociedade, ser meu cicerone nesta cidade...

Um espanto agradável se exprimiu no rosto pálido do visconde, e em seu coração renasceu a esperança de que aquela nova amizade seria também dadivosa, como tinha sido com o finado Naraiana.

– Estou à sua disposição, príncipe! Disponha de mim, respondeu o visconde.

– Desculpe-me, visconde... eu é que estou às suas ordens. Espero que tenha a bondade de elaborar um programa... graças ao qual eu possa me orientar em

Paris... Gostaria de visitar as curiosidades da capital e... divertir-me.

O visconde saltou eletrizado.

– Esteja tranquilo, príncipe; vou-me ocupar desta questão e espero contentá-lo plenamente. Por hoje eis o que lhe proponho: Primeiramente passemos no Bosque de Bolonha; aí verá o mundo e o meio-mundo. Depois jantaremos em minha casa, se me der a honra de aceitar o convite. Irei apresentá-lo então a dois jovens, excelentes amigos. À tarde, enfim, iremos ao Music-hall. Depois jantamos num restaurante onde lhe apresentarei algumas mulheres de teatro, artistas – meus amigos também. Nós somos uma aristocracia... é o nosso papel proteger os talentos...

– O programa está muito carregado! Talvez com menos diversões... meu luto ainda está recente – lembrou Supramati. – Mas não faz mal! O programa me seduz; aceito e agradeço.

– Nesse caso, príncipe, permita-me deixá-lo por uma meia hora. Quero assegurar um camarote para nós.

– Oh! Não tenha esse trabalho! Vou dar ordens

– respondeu Supramati, apertando um botão da campainha elétrica.

Uma hora depois Supramati partia com o visconde. O magnífico automóvel e o estrangeiro sentado perto do visconde Marcelo produziram certa impressão aos visitantes habituais do Bosque de Bolonha, sobretudo sobre as damas do meio-mundo, que logo queimaram de desejo de conhecer o recém-chegado. O visconde não se apressou em satisfazer a curiosidade das esplêndidas pecadoras. Pretextando umidade, ele dissuadiu Supramati de fazer uma caminhada a pé; depois convidou o companheiro para ir à sua casa.

O visconde ocupava um pequeno apartamento elegante de celibatário, no bulevar Haussmann, confortável e até mesmo luxuosamente mobiliado.

O dono da casa e seu hóspede conversavam e fumavam charutos, quando chegaram os amigos do visconde; este apresentou-os logo a Supramati: Barão Robert de Lomzak e Capitão Charles de Marny. Os dois tinham conhecido Naraiana e ficaram estupefatos em saber da morte e espantados de ver seu herdeiro do qual nunca tinham ouvido falar. Alguns instantes depois, enquanto o visconde mostrava a seu novo amigo sua coleção de porta-charutos e de cachimbos, o barão murmurou nos ouvidos do capitão:

– Este maldito visconde teve a oportunidade... de repente ele açambarcou o herdeiro do outro imbecil!... Lembre do que vou dizer – graças a esta nova amizade ele pagará todas as suas dívidas.

– Muito provavelmente!... mas, por outro lado, entre nossas damas haverá uma verdadeira batalha... de quem vai ser esse pedaço bem gordo que representa o nababo? – indagou o oficial sussurando.

O jantar foi suntuoso; vinhos os mais requintados correram à solta e Supramati soube aproveitá-los. Conversas cada vez mais animadas à medida que se esvaziavam as garrafas foram-lhe muito desagradáveis. A palavra mais livre, anedotas obscenas e o cinismo desavergonhado com o qual certas questões eram abordadas chocaram o doutor, que ainda não tinha tido a ocasião de frequentar tal sociedade. Aqueles homens solapavam a reputação de mulheres cujos nomes eram desconhecidos a Supramati. Faziam pouco de famílias honestas que tinham filhos demais. O príncipe estava chocado e pronunciava o quanto menos palavras.

Após o jantar, todos passaram ao salão. Vendo sobre a mesa alguns álbuns de fotografia, Supramati examinou-os. De repente se lembrou da fúnebre descoberta da noite; logo quis conhecer, na medida do possível, os detalhes daquele misterioso drama. Se a vítima – como tudo parecia indicar – tinha sido uma atriz e se sua fotografia se achasse naqueles álbuns, Supramati poderia conhecer sua biografia, saber o que se pensava de sua desaparição; certamente o visconde deveria estar ciente da crônica dos bastidores.

Ele olhava em vão, uma após outra, as fotografias dos álbuns, mas aquela que ele procurava não ornava a coleção de celebridades do teatro. O dono da casa, que o observava, aproximou-se do jovem homem e, dando-lhe um álbum bem grande, disse rindo:

– Veja e escolha, príncipe! Você será acolhido em toda parte com alegria. Aqui guardo especialmente todas as glórias teatrais e as estrelas do meio-mundo. Certamente não encontrará aí a deslumbrante beleza, mas entre essas damas há algumas muito agradáveis e divertidas.

Supramati folheou as páginas do álbum. Desta vez foi fácil encontrar a pessoa que o interessava. Era bem sua cabeça, cabelos encaracolados e sorriso provocante; mas ela não vestia sua roupa de cerimônia, estava vestida de colombina.

– Esta me agrada – disse Supramati mostrando ao visconde o retrato.

Todos se curvaram com curiosidade e o capitão exclamou:

– Bah! A bela Liliana! Eis o que significa a simpatia do sangue. Seu finado irmão era doido por essa mulher.

– Você não tem chance, príncipe! Liliana é a única mulher que você não pode possuir... ela o agrada tanto... a menos que você não despose sua cunhada... mas... mas você não viu a viúva de Naraiana no enterro de seu marido? Ou talvez você não saiba que ele era casado? – observou o visconde.

– Naraiana era casado havia longo tempo; conheço sua esposa... É uma louca sedutora que não tem nem sombra de parecença com o original deste retrato – respondeu Supramati.

Lormeil e seus dois amigos trocaram olhares de espanto.

– Oh! Que homem dissimulado! Jamais disse uma palavra sobre seu casamento... e levava aqui a vida de um celibatário! – fez Lormeil, balançando a cabeça.

– Mas o que os fez crer que meu irmão queria desposar Liliana?

– A própria Liliana nos dizia que era noiva do príncipe e logo se tornaria sua esposa. Depois, um belo dia ela desapareceu sem dizer adeus a ninguém, isso há umas seis semanas, antes da partida de Naraiana, e nós acreditamos que, para evitar explicações inúteis, eles tivessem partido para se casar em qualquer cantinho perdido por aí... Em todo caso, um casamento com essa pequena cantora de opereta, cujo passado foi... ruidoso... muito ruidoso... seria um monstruoso casamento morganático[3] para o príncipe. Até se disse que Naraiana era muito ciumento de um italiano que fazia a corte a Liliana. Mais tarde esse italiano foi encontrado morto em seu leito... Correram boatos de que a partida de Liliana o tinha matado... mas eu presumo que ele

---

[3] Matrimônio contraído entre um nobre e um plebeu.

bebeu muito, o que ocasionou um ataque apopléctico, findou o barão rindo.

– Oh! A gente pode sempre contar tolices que não têm o menor sentido... Muitas vezes o príncipe viveu horas sombrias, durante as quais ele se fechava invisível, mesmo para seus melhores amigos... A gente conclui disso que ele era feiticeiro, mahatma hindu, qualquer coisa desse gênero de magia. Comentou-se também que ele deveria conhecer os segredos da fabricação do ouro, da conservação da eterna juventude... Se eu o pusesse a par de tudo o que se disse a respeito dele, iria ficar falando até a manhã... logo, vamos deixar de besteiras e vamos ao principal: Liliana o agrada, e prevejo que a possuirá... Como Naraiana não a desposou, ela voltará para nosso meio e será certamente muito feliz de encontrar um protetor, tão bonito e generoso como o antigo...

Supramati não respondeu, nada disse. Ele tinha distraidamente escutado tudo o que fora dito. Todo o seu pensamento concentrava-se no sombrio drama do qual ele tinha descoberto traços.

Naraiana tinha matado a bela atriz, não havia mais

dúvida. Mas teria sido o ciúme o móvel do crime? Era improvável! Enfim, o italiano, seu rival, tinha morrido de uma crise cardíaca ou fora vítima de um segundo assassinato?

Abismado em sua meditação, Supramati apenas tomou parte na conversação geral. O príncipe só se apoderou de si quando o visconde declarou que era hora de irem para o teatro.

Supramati nunca havia visto e ouvido um music-hall. Doente, obrigado a conter despesas, ele preferia ouvir qualquer ópera séria ou um belo concerto. O espetáculo ao qual ia assistir era então uma novidade para ele. A plena liberdade de seus movimentos divertia-o e, além disso, seu amor-próprio estava desvanecido pelo triunfo que o esperava.

Com efeito, uma multidão de binóculos focalizou-se sobre ele; olhares brilhantes e curiosos procuravam seu camarote e Supramati divertia-se vaidosamente diante daquela primeira expressão pública de consideração por sua pessoa. O modesto médico do asilo de loucos nunca tinha atraído sobre si a atenção geral quando ia ao teatro. Agora esquecia que era príncipe e milionário e não sabia que, graças ao visconde e ao barão, que tinham numerosas relações de amizade entre os espectadores, o boato já se havia expandido da presença do príncipe Supramati, nababo hindu e herdeiro do príncipe Naraiana, muito conhecido no mundo dos prazeres...

Ao fim da apresentação, todo mundo dirigiu-se até um restaurante de primeira ordem; as pequenas cabines particulares já tinham sido pedidas com antecedência e um jantar esperava o pessoal que assistira ao teatro.

Supramati achava-se em excelente disposição de espírito. Soube que haviam convidado atores e atrizes em seu nome para o jantar – e sorriu!

– São talentos de primeira ordem, semideuses da arte e nossos amigos íntimos – disse o visconde. – Espero, caro príncipe, que você fique contente em conhecer gente célebre.

Os senhores chegaram primeiro. O visconde apresentou Horace Daniel, artista dramático, e Rafael Pinson, da Comédia Francesa. O primeiro era um homem de meia-idade, com cabeleira espessa, rico e bem preparado artisticamente. O outro homem, porte alto e magro, tinha gestos afetados; seu rosto estava pintado...

O Sr. Pinson sempre representava o papel principal, o mocinho amoroso, que ele fazia muito bem.

Ambos pareciam encantados em conhecer o nababo. O visconde falou tão amavelmente de seus amigos, que Supramati deveria sentir-se muito desvanecido em apertar a mão de personagens tão considerados.

Daniel insinuou, na conversa, que havia conhecido muito intimamente o príncipe Naraiana, homem extraordinariamente generoso e protetor declarado de artistas e talentos.

Pouco depois chegaram as senhoras que o visconde parecia ter convidado unicamente para que seu novo amigo pudesse fazer uma escolha; ele chamou Baretti de O Império; Pierrette de O Alcazar; e Camille Moucheron. Todas eram belas e desejáveis. Uma delas tinha o tipo judeu; mas o visconde segredou no ouvido de Supramati que a mãe da maravilhosa Pierrette era turca e que não tinha uma gota de sangue israelita, absolutamente.

Mucheron, que tinha 19 anos, mostrou-se em seguida a mais ousada; seu rosto tinha uma tez deslumbrante que fazia mais sobressair a beleza de seus grandes olhos azuis. Ela se sentou perto de Supramati, e fê-lo sentir, sem dissimular, que queria conquistá-lo. Seus olhos fixavam o príncipe com paixão; depois se pôs furiosa, ameaçando suas rivais, parecendo dizer:

– Vocês ousem tirá-lo de mim e verão do que sou capaz...

O visconde notou as nuvens sombrias que começavam a obscurecer o horizonte e tomou medidas para que a hostilidade não se transformasse em batalha. O champanhe não cessava de correr em ondas... Excitado pelas conversas de seus amigos e pelos fogos cruzados de seus ímpetos de sobressair, Supramati, sempre tão sóbrio e dono de si mesmo, estava se embebedando, prometendo às heroínas do meio-mundo fazer-lhes a corte, e divertia-se com sua rivalidade. Ele já estava bastante alcoolizado, quando ofereceu a palma da vitória a Pierrette, levando-a para casa em seu próprio carro, apesar do furor de Mucheron.

É desnecessário dizer que a amável pecadora não deixou o príncipe sair; jantaram ainda uma vez, agora sozinhos. E pela primeira vez na vida Supramati abandonou-se aos prazeres do amor.

No dia seguinte de manhã, graças às qualidades mágicas do Elixir da Longa Vida, Supramati sentia-se bem-disposto e novo, como se houvesse tido uma noite de excelente repouso.

Seu espírito desalcoolizou-se e seu corpo também; mas uma onda de vergonha coloriu seu rosto; é que ele se lembrou do que lhe dissera Nara sobre as fraquezas do homem. É, ela fazia bem em desprezá-lo sem o conhecer... Um só dia em Paris e já ele tinha cometido infidelidade... e uma das mais indignas, pois que ela não fora causada pelo coração. Ele havia agido pelo efeito do álcool. Seu prazer não fora senão medíocre, pois a orgia organizada em sua honra lisonjeara seu amor-próprio, excitando todo seu ser sensível, outrora tão disciplinado.

Portanto, o sentimento de vergonha que ele provava mudou depressa em despeito contra Nara. Se ela não tivesse adiado para dali um ano sua união definitiva com ele, poderiam viver modesta e honestamente em Veneza ou em outro lugar, e não seria necessário correr por restaurantes em companhia de mulheres perdidas. Nara não o tinha querido; ele devia matar o tempo de uma maneira ou de outra... E seu dever não era proteger os talentos, conforme havia feito Naraiana?

Certamente ele não podia estimar ainda o valor daqueles que tinha conhecido na véspera. Os homens haviam manifestado grande cinismo; quanto às atrizes, jamais ele havia tido ocasião de se entreter com mulheres semelhantes.

– Oh! Estas mulheres do meio-mundo são feiticeiras – havia-lhe dito o visconde na véspera. – Mas elas são ávidas... Com todo dinheiro que exigem, seria possível fazer viver três famílias legítimas... e, querendo satisfazer seus gostos, os homens se arriscam a ir à ruína.

Lembrando essa frase, um sorriso veio aos lábios de Supramati; ele não arriscaria nem a ruína material, nem o esgotamento físico. Mas ele se divertiria moderadamente.

O visconde chegou ao meio-dia, com um programa excepcionalmente variado, mas Supramati declarou-lhe que queria visitar a catedral de Notre Dame e o museu do Louvre; contudo aceitou ir à noite ao Alcazar.

– Depois vai jantar com Pierrette? – perguntou o visconde, jogando-lhe um olhar significativo.

– Oh, não! Gozar todos os dias da companhia da srta. Pierrette seria aborrecido...

– Compreendo! Ainda se sente fatigado da noitada de ontem? Ou talvez tenha-se arrependido de não ter ido com Mucheron? A pobre mocinha fez tudo para agradá--lo – observou Lormeil. – Mas é fácil reparar isso. Logo vai tomar gosto, caro amigo, desta vida alegre, cheia de impressões sempre novas. Considero que levou durante suas longas viagens, príncipe, uma existência muito asséptica; consagrou muito tempo à ciência e não o suficiente à vida real. É necessário corrigir-se desse erro e a melhor escola, nesse ponto de vista, é a dos artistas e das pecadoras do amor-livre. Essas mulheres sabem viver. Seu gosto refinado coloca marca especial de elegância sobre tudo que as cerca. Sei que essas perigosas mágicas são olhadas com desprezo pelas mulheres casadas e honestas; dito de outro modo, mulheres de visão estreita, para quem o mundo se reduz ao serviço caseiro e a cuidar de crianças. O homem se destrói nesse meio...

– Você é casado para possuir uma opinião tão pouco lisonjeira da vida conjugal? – perguntou Supramati com um sorriso.

O rosto do visconde obscureceu-se:

– Pois é, príncipe, adivinhou... eu desposei uma alunazinha de pensionato, muito inocente, que sonhava com o idílio eterno e formulava exigências descabidas. Se eu recebesse um bilhete de amor que me houvesse endereçado uma mulher com quem eu flertasse, até bem inocentemente, minha esposa desmaiava, falava de meus "crimes" ruidosamente, em qualquer lugar, e exigia que eu me contentasse com sua companhia!... Ridículo!... E ainda ela não tem gosto, não é chic. Esforço-me sem resultado para fazê-la ter o sentido da verdadeira elegância... Eu lhe mostrei nos teatros, toaletes e penteados... mas, Senhor! Quando, como resultado, comparei a imitação com o original, só consegui rebentar de rir. Faltava à minha mulher esse não sei quê que não se pode colher, que não se pode apanhar, que somente os artistas têm... E ela logo detestou o teatro e desprezou as artistas que eu lhe havia indicado como modelos e contra as quais ela não podia lutar, por falta de concepções íntimas...

– Contudo, você vai me apresentar a ela, espero, à viscondessa? Ontem ela estava ausente? – interrogou Supramati.

– Minha esposa não está em Paris; alguns meses depois do nascimento de nossa filha, ela fugiu para a Normandia, para casa dos parentes que a educaram. Seu tio, que morreu no ano passado, era um idiota que pensava como as pessoas do tempo de Noé... Sua tia também tem esse mesmo modo de pensar, vive como um mocho em seu castelo, sempre cheio de padres. Minha esposa se agrada nesse meio; então eu não desejo sua volta, pois é impossível viver com ela. Graças a Deus, já há três anos vivo uma vida de celibatário, sem cuidados e com alegria, permitindo-me satisfazer minha paixão pela música e pela arte dramática... Mas deixemos este assunto triste, ajuntou ele, pegando Supramati pelo braço. – Se Sua Alteza deseja, ofereço minha ajuda para comprar alguma bagatela a Pierrette.

– Não pensava em evitar essa necessidade; ficaria profundamente reconhecido se pudesse me indicar um bom joalheiro – respondeu o príncipe, enrubescendo ligeiramente.

– Nesse caso, tomo a mim essa compra. Levá-lo-ei a um joalheiro onde, por preços módicos, podem-se comprar coisas bonitas.

O visconde manifestou um zelo extraordinário e transportou-se, mais que depressa, com o príncipe a uma joalheria.

Seus conselhos foram tão excelentes, que a bagatela se tornou um adorno de brilhantes de cem mil francos; em contrapartida, Supramati comprou a cada uma de suas outras atrizes um bracelete cujo preço era de cinco mil francos; seriam lembranças da noite passada, a vigília em conjunto. Felizes pela compra efetuada, os dois amigos foram em seguida visitar a catedral de Notre Dame.

Supramati não sabia que o visconde ganhava dez por cento de comissão e esperava aumentar no futuro aquela ótima fonte de renda.

O príncipe voltou para casa cedo. Sob o pretexto de escrever umas cartas de negócio, declinou o oferecimento para jantar com Pierrette, que estava encantada com o presente que acabara de receber. Com efeito, Supramati esperava seu notário no dia seguinte; queria estudar logo certos documentos que havia encontrado na escrivaninha de Naraiana.

Depois de ter estudado e arrumado os papéis

necessários, Supramati foi ao seu escritório e se estendeu no divã baixo e macio, tornado já seu lugar de repouso preferido. Agradaria a ele começar a ler um novo romance, mas já nas primeiras páginas jogou o livro e adormeceu.

Seu sono era leve, quando acordou com grito abafado que se fez ouvir no quarto de dormir. Supramati estremeceu vivamente. Endireitou-se no divã percebendo distintamente ruído de cadeiras jogadas e depois a queda de um corpo pesado.

Ele saltou de seu divã e precipitou-se ao quarto de dormir; mas tudo ali estava calmo, silencioso, e a luz da lâmpada permitia ver a ordem que reinava em toda a peça. Então não havia dúvida possível – o ruído suspeito vinha de lá, do quarto. O príncipe examinou minuciosamente todos os móveis e nada encontrando que pudesse explicar o fenômeno, tranquilizou-se; talvez fosse vítima de uma alucinação auditiva – e se deitou.

Não havia passado um quarto de hora, quando uma sensação indefinida, desagradável, acordou-o de repente. Um vento glacial soprava em seu rosto e algo o arrastava ao quarto. Sacudiu sua sonolência, endireitou-se no leito, o coração batendo violentamente.

Apoiada sobre a cômoda, uma mulher estava de pé, vestida com anágua e corpete. Tinha uma das mãos junto ao flanco, e, através de seus dedos, Supramati podia ver correr um estreito fio de sangue.

– Quem é você? O que você quer? – perguntou Supramati num tom imperativo.

Ao som de sua voz a mulher se voltou e o príncipe percebeu seu rosto pálido, os lábios azulados, cerrados, e seus grandes olhos o fixaram de forma horrível. Um minuto depois a mulher desvaneceu-se, desaparecendo, diluindo-se por trás da cômoda.

Mas Supramati tinha tido tempo de reconhecê-la. Apesar da visão horrível daquele rosto de morte e do olhar desvairado, ele encontrou parecença segura: sua visitante noturna tinha sido a bela Liliana, a vítima de Naraiana.

O príncipe conseguiu, com a mão que tremia, acender o comutador de luz, e a claridade se fez total no quarto. Mas a emoção vivida tinha sido muito forte e ele só conseguiu dormir de madrugada. A impressão produzida por aquela visão durou muitos dias; duas vezes ainda, lá pela meia-noite, a imagem do crime invisível apareceu: o grito abafado, o estertor de agonia, a queda de um corpo, o ruído de um móvel que cai e depois um silêncio de morte.

O quarto de dormir inspirou terror a Supramati. Mas, envergonhado de seu medo, e temendo parecer ridículo diante dos empregados, por deixar sem motivo aquela peça luxuosa, ele resolveu não mudar de quarto de dormir. E para evitar a hora fatal da evocação do crime, o príncipe saía bem tarde, voltando de madrugada e permitindo ao visconde conduzi-lo de um lugar de prazer a outro.

Capítulo VI

Uma semana se escoou desde a primeira visão noturna. Supramati desceu certa manhã ao parque e fez uma boa caminhada, naquele outubro de ar puro e gostoso, que ele sorvia com prazer. O príncipe visitava pela primeira vez, em detalhe, sua propriedade.

Dos dois lados da casa e diante da fachada, o jardim ocupava um espaço bem grande, mas por trás do castelo, ele se estreitava. Um muro muito alto ali tomava lugar da grade. Moitas espessas cresciam naquele corredor verdejante. Espantado com aquela mudança no cenário, Supramati dirigiu-se até o muro, desejando saber se as duas metades do parque se comunicavam com o fundo do castelo. Observou que não; o muro virava bruscamente, vindo a ser a continuação da casa.

Supramati levantou maquinalmente a cabeça. Percebeu então duas janelas quase inteiramente recobertas pelo verde, cujas persianas estavam baixadas. Ora, o príncipe nunca havia visto aquele quarto sombrio, dando suas janelas para o muro... Primeiramente não pôde se orientar – onde se poderia achar aquela câmara que lhe era desconhecida? Após longa reflexão, achou que deveria ser contígua a seu quarto de dormir, se bem que no muro não houvesse porta.

Supramati começou a supor ter descoberto então um canto isolado, íntimo, onde meditava Naraiana; por isso teria feito plantar lá castanheiros, para não ver um muro nu diante dos olhos.

Muito interessado Supramati voltou para dentro e se pôs a examinar minuciosamente a câmara de dormir. A lembrança daquela vítima noturna fez nascer em seu pensamento a ideia de que Naraiana havia escondido o cadáver naquela peça secreta. A entrada devia se achar atrás da cômoda com gavetinhas. Mas, apesar de todos os esforços, ele nada descobriu.

À tarde não pôde cochilar – sentia-se agitado

demais para ler; as janelas do quarto misterioso já estavam obsediando seu espírito; jogou a revista que folheava e aconchegou-se às almofadas do divã.

A luz da lâmpada refletia-se docemente no ouro esmaecido das pinturas da parede. Mas, de repente, o olhar distraído do príncipe parou sobre um ponto mais brilhante, ao centro de uma grande flor. Levantou maquinalmente a mão e estremeceu ao sentir sob seus dedos uma pequena saliência metálica.

Saltou apressado e empurrou o botão, certo de que haveria qualquer mola secreta. Não se enganou; o botão cedeu sob a pressão e um pano de parede, escondido sob os forros da tapeçaria, de maneira a não ser percebido, girou silenciosamente sobre dobradiças invisíveis. Uma abertura apareceu, tão escura que nada se via.

"É a peça misteriosa cujas janelas conheço", pensou o príncipe, calçando depressa as pantufas e jogando sobre os ombros um chambre.

Estava extremamente ansioso para ver o quarto secreto e o que Naraiana tinha interesse em esconder. Sabia, graças a Nara, que o palácio inteirinho, pertencendo a seu finado marido, desde o século do Grande

Rei Luís XIV, havia sido decorado segundo o gosto e as necessidades de Naraiana, que o comprara durante a infância do rei.

Supramati pegou uma lanterna e franqueou a soleira da peça; a entrada estava fechada com uma espessa cortina.

Ele se achou em um quarto de dimensões medianas, mobiliado no mais refinado estilo rococó. O pano que forrava as paredes era de seda azul, semeado de guirlandas de flores e pequenos cupidos. No chão, tapeçaria d'aubusson cujo fundo branco se ornava de rosas.

Em frente à entrada, entre as janelas, o príncipe percebeu uma pequena mesa de trabalho maravilhosamente trabalhada em ouro e nácar. Bem perto dela, na parede, um retrato de Naraiana, vestido num costume suntuoso da época de Luís XIV: gibão, camisa com jabô de rendinhas, cabelos empoados, a mão apoiada ao cabo de ouro de uma espada fina. Sob as rendas de um largo punho de camisa, brilhante, parecido a uma gota de sangue, o anel misterioso da Confraria do Graal.

Naraiana esplendia em beleza e um brilho demoníaco saía como chispas de seus olhos negros.

Supramati admirou por momentos os traços clássicos de seu predecessor. Depois, soltando um profundo suspiro, voltou-se e olhou ao redor de si. O quarto estava realmente em desordem, cadeira revirada, uma caixa aberta no tapete; sobre a escrivaninha, diversos papéis jogados ao acaso.

Acendendo velas de um candelabro, dirigiu-se ao quarto contíguo, muito menor que o primeiro; era um quarto feminino – um boudoir – com os adereços que aí sempre se encontram, forrado com magníficas rendas. Havia um espelho enquadrado em ouro esmaltado; paredes e móveis eram revestidos de cetim branco bordado em ouro. Panos do mesmo tecido rodeavam o leito, posto sobre um estrado recoberto de tapete.

O leito estava desfeito, cobertas jogadas a esmo, uma das quais amassada, jogada ao chão e suja de sangue. Uma porta entreaberta achava-se ao pé do leito e dava a uma entradinha com degraus atapetados; lâmpadas, agora extintas, deviam iluminar esses degraus. Lá embaixo, na escada, havia uma porta com chave na fechadura; ele abriu e olhou ao redor. Um beco sem saída, estreito, alongava-se diante dele, bordejado por paredes dos dois lados. O príncipe não continuou seu exame, voltando para o boudoir.

Após diversas verificações, levantou enfim um reposteiro na cabeceira da cama e uma porta apareceu; não havia chave. Supramati tentou abri-la, depois tentou quebrá-la, mas não conseguiu; então procurou algum instrumento para forçar a fechadura; nada achou no boudoir; voltou ao salão e viu sobre a mesa uma faca comprida e sólida. Não encontrou explicação para a presença da lâmina no salão, mas não refletiu longamente sobre esse achado, porque tinha pressa em abrir a porta secreta; pressentia estar ali uma pista de novas provas do crime.

A fechadura cedeu com alguns esforços e a porta se abriu. Um jato de ar frio e saturado de um perfume sufocante bateu-lhe no rosto com uma violência tal que quase o fez desmaiar. Recuou precipitadamente. Essa impressão logo dissipou. Supramati levantou a luz que trazia, avançou e ficou petrificado, sem poder se mexer, olhando estupefato para uma longa urna que parecia um caixão de defunto, pois era inteiramente recortada de tecido negro; em seu interior, uma espessa guirlanda de flores, tão frescas como se tivessem sido colhidas naquele momento.

Nas extremidades do ataúde, quatro candelabros em estilo antigo, onde queimavam ainda os morrões com fraca luminosidade azulada.

Aclarado pela vacilante luminosidade das velas, aquele quarto mortuário tinha um aspecto sinistro, e um tremor de medo supersticioso tomou o príncipe, quando olhou ao derredor de si.

Ao fundo da peça percebeu uma banheira e bem junto dela uma escada de mármore onde havia uma roupa branca manchada de sangue e uma bacia com esponjas.

Supramati lutou um instante com o terror que o invadia, depois se aproximou resolutamente do caixão. Precisava saber o que se achava lá dentro, e ninguém o interditaria amanhã para revelar o drama às autoridades judiciais.

Examinou o pano negro onde se viam sinais cabalísticos bordados em prata. Quis tirá-los – sua mão tremia – e o pano escorregou de repente, como se estivesse sobre uma superfície bem polida, e caiu no chão.

Ele deu um passo para trás, soltando um grito surdo, deixando cair a lanterna. Um caixão de cristal estava diante dele: dentro, sobre um colchão de seda branca, uma mulher tinha sido deitada, vestida em um suntuoso penhoar branco; sua cabeça repousava sobre uma almofada ornada de rendas.

O príncipe viu enfim o original do retrato – a bela Liliana. Mas ela não era terrível e desfigurada como na visão noturna. Apesar de sua brancura de alabastro, o corpo não dava a impressão de um cadáver; parecia uma jovem flexível, como uma pessoa dormindo. A boca pequena entreaberta trazia o traço de seu sofrimento; os cílios longos e pretos faziam sombra em sua face transparente; uma das mãos estava passivamente pousada no peito. Nenhum ferimento; a ferida achava-se escondida sob as dobras da roupa; dos quadris até os pés o corpo tinha sido recoberto de rosas, violetas, lírios e outras flores odorantes, belas e frescas, como se estivessem ainda no jardim.

Sob o império de um encantamento, Supramati admirou a magnífica criatura e se abaixou para melhor examinar Liliana; viu então que ela estava mergulhada em um banho de líquido incolor que enchia o caixão de cristal inteiramente.

Que líquido era aquele que conservava não somente o corpo humano, mas também as flores, com toda sua cor e sua vida? Mistério, mistério parecido àquele que tinha levado Naraiana a guardar ali o corpo da mulher assassinada por ele e à qual ele não pudera sobreviver.

Pensativo, emocionado, Supramati dirigiu-se a uma cadeira para pegar um objeto que acabava de notar: havia pisado em alguma coisa dura e se abaixou para ver o que era; reconheceu um frasco semelhante àquele que ele possuía, contendo o Elixir da Vida. Então adivinhou o drama que se havia passado naquele quarto.

Após ter ferido mortalmente a jovem mulher, Naraiana quis salvá-la graças à essência da vida. Mas por que não conseguira? O socorro viera muito tarde ou Naraiana ainda não conhecia todas as virtudes do licor misterioso e dos meios de se servir dele, como no presente caso?

A extrema desordem daquela peça demonstrava que Naraiana havia agido com precipitação, não tendo podido em seguida arrumar tudo e destruir os traços do crime. Atravessando o boudoir, Supramati viu sobre uma cadeira que estava junto da cama, uma camisola branca manchada de sangue. Ali deveria ter sido o primeiro lugar onde Naraiana levara a vítima após o crime.

Perturbado, Supramati sentou-se à mesa de trabalho e contemplou o retrato de seu predecessor, indagando-se como um ser iniciado a todos os segredos extraordinários poderia ter sido arrastado pela paixão, ao disparate de cometer tal crime.

Depois considerou os papéis desordenados sobre a mesa.

Encontrou um caderno grande de capa dura, parecido com aquele que vira em Veneza, onde havia escritos sobre a ciência oculta. Uma pilha de cartas banais, contas de fornecedores, folhas de papel ainda em branco e envelopes achava-se ainda sobre a mesa. Uma página escrita pela metade atraiu o olhar do príncipe – um borrão de tinta havia manchado a parte inferior; o tinteiro devia ter sido emborcado porque outra mancha escura sujava o azul do pequeno tapete.

Supramati olhou distraidamente as primeiras linhas

escritas e logo se interessou pela leitura – era o rascunho de uma carta de Naraiana.

Mestre:

Eu matei, o que prova que, malgrado a força inesgotável de vida que corre em minhas veias, permaneço escravo desprezível da carne, como todo mundo. Conheci a cólera? Como ousa essa mulher preferir um outro?! E não sou o primeiro! Além disso, não fiz todo o possível para fazê-la feliz? Com o tempo ela teria envelhecido, ele morreria e todos os laços que nos uniam teriam rompido por si mesmos. Mas não pensei nisso... Liliana, não absolutamente. Nara, imortal como eu... teremos tempo para nos amar – Nara e eu.

Queria salvar Liliana e corri para buscar o frasco, mas quando cheguei ela já estava inerte. Agora, na imobilidade da morte, ela parece viva, se bem que nenhum meio possa tirá-la desse estado. O corpo permanece flexível e firme; mas não tem o frio glacial da morte, mas também não dá sinal de vida.

Que devo fazer, Mestre, antes que venha em meu auxílio e me explique esse mistério? Experimento uma inquietação horrível. Sujei minhas mãos com o sangue impuro dessa mulher. Antes de sua chegada, Mestre, utilizei o meio de manter as flores guardando toda sua seiva de vida e elas não se fanam! Já me servi algumas vezes deste meio, presenteei a alguém com essas flores e me consideraram um mago.

Assim, também, mergulhei Liliana nessa substância – viva ou morta, não sei. Onde o sopro da vida para que eu possa perceber?

Poderoso Mestre! Terá de me dizer, senão...

A carta acabava com essas palavras. Naraiana teria escrito outra? Que acontecimento imprevisto te-lo-ia impedido de terminar a missiva?... Naraiana partiu em seguida para não mais voltar e todas essas questões ficaram sem resposta.

– Senhor! Mas em que labirinto misterioso eu estou! – murmurou Supramati, colocando a carta em seu chambre.

Apagou as velas de seus candelabros, voltou a seu quarto e fechou cuidadosamente o reposteiro da parede. Mas não pôde dormir com aquela vizinhança sinistra; foi para seu gabinete e deitou-se no divã.

Os pensamentos passavam em turbilhão em seu cérebro. Primeiramente se lembrou do desejo de advertir as autoridades policiais. Mas com que direito o faria?

A essência misteriosa da vida tinha papel naquele crime. Não seria transgredir as regras da confraria, sendo ele um dos membros, relatar aos profanos aquela pequena parte do perigoso segredo? Após muda reflexão, resolveu se calar até o dia em que aquela questão pudesse ser esclarecida por um membro competente da confraria.

Os dias sequentes se passaram em divertimentos ordenados pelo visconde. Pierrette tomou conta do príncipe tanto quanto pôde, usando de todos os artifícios da coqueteria para conquistá-lo definitivamente.

Uma noite, o visconde e sua amiga, Supramati e Pierrette terminavam gostosamente seu dia em um restaurante da moda. Pierrette já se considerava a principal amante do jovem nababo, e tornava-se cada vez mais exigente e ardilosa. Ao final do jantar, com muito champanhe lhe subindo à cabeça, sua imprudência ultrapassou os limites. Cantou uma cançãozinha licenciosa que o visconde aplaudiu com furor; depois, sem notar que o príncipe não manifestara qualquer entusiasmo, Pierrette reclamou-lhe novo presente. Enfim, ela reclamou que já era hora de ele lhe comprar uma mansão, mesmo porque naquela manhã ela tinha visto no jornal o anúncio da venda de uma belíssima casa, a preço reduzido.

Um sorriso enigmático passou pelo rosto dele.

– Tem razão, devo assegurar seu futuro e já estou me ocupando disso; somente no lugar de comprar uma mansão, depositei uma quantia num banco. A renda dessa soma constitui uma boa pensão... tal quantia lhe será restituída quando fizer 45 anos. Quando esteja mais velha e seus adoradores tenham desaparecido, terá necessidade de um lugar para descansar, recolher-se e lembrar a mocidade.

Pierrette empalideceu terrivelmente, e seu olhar não podia sair do príncipe.

– Está fazendo pouco de mim, certamente! – falou ela, indecisa.

– De forma alguma. Jovem e bonita não lhe faltará homem para amá-la e ampará-la... mas quando envelheça, que ninguém mais a queira, vai precisar da pensão que lhe deixo.

A palidez da atriz mudou-se bruscamente em vermelho que lhe queimava o rosto e, com olhar inflamado, ergueu-se diante de Supramati, os punhos nos quadris, gritando:

– Saiba, senhor selvagem, que é muito insolente! Não lhe pedi para assegurar minha velhice. Quem sabe se atingirei uma idade avançada? Eu não o amo mais por esta injúria, avarento! Canibal hindu!

Sua voz tremia de raiva.

O visconde e sua amiga davam gargalhadas. Supramati ficou muito calmo. Com amável sorriso, tirou da carteira uma folha de papel dobrada e estendeu-a à jovem.

– Não seja ingrata, queridinha! Dia virá em que este dinheiro lhe será útil, até muito útil! Pegue e esconda este documento e lembre, no futuro, o lugar onde possa apanhá-lo e ter uma vida honesta e tranquila.

Pierrette estava fora de si, não se dominava; estava petrificada.

Após um minuto de espera, Supramati reabriu sua carteira e já aprestava-se a recolocar ali o documento quando, súbito, a atriz, como uma pantera, jogou-se sobre ele, tirando-lhe o papel e escondendo-o no corpete.

– Avarento! Três vezes avarento! – declarou ela com desprezo. – O finado Naraiana era um cavalheiro, nunca teria mergulhado nesses pensamentos. Cobria de ouro e de diamantes as mulheres que amava, nas quais bebia a juventude e a beleza. E ele não gritaria como um religioso trapista Eu a salvo da morte!... Ele nunca evocaria diante delas o espectro odioso do fim.

– Mas, meu bem, Pierrette, eu não a impeço de me abandonar por um adorador mais cavalheiresco e generoso – remarcou Supramati com serenidade.

Esbelta e graciosa, a felina Pierrette jogou-se em seu pescoço e beijou-lhe as faces.

– Monstro! Se eu não o amasse, teria mostrado a porta a você. Quanto à injúria que me fez, um amor verdadeiro suporta e perdoa tudo...

E a paz foi concluída diante do riso homérico de todos os presentes. Pierrette ganhara a partida.

Capítulo VII

Supramati voltou muito tarde para casa. Já era seu hábito. A vizinhança com um cadáver o tinha obrigado a abandonar o quarto de dormir. Malgrado sua resolução de enfrentar todas as alegrias da vida e de esvaziar o copo das delícias, o príncipe não tomava grande gosto por esses prazeres e se perguntava, com espanto, como Naraiana tinha podido viver durante meses em semelhante meio e ficar tão aborrecido a ponto de cometer um crime de morte. O assassinato de Liliana ficava para Supramati como mistério indecifrável.

Naquela noite o príncipe ressentia-se mais visivelmente das impressões penosas. Era-lhe insuportável lembrar Pierrette e, subitamente, sentiu que seu espírito tinha necessidade de calma, de silêncio e de solidão, a fim de se concentrar, de refletir livremente nos grandes problemas que deveria resolver, estudando, enfim, os dois cadernos deixados por Naraiana.

Deveria partir, deixar Paris já no dia seguinte! O pensamento da decepção de todas essas criaturas que viviam de sua fortuna, incluindo o visconde, divertiu-o.

Chamou o empregado e deu ordem para trazer sua pequena valise e arrumar ali os objetos indispensáveis. Queria abandonar Paris com o trem das seis horas da manhã sozinho, sem a companhia de nenhum doméstico curioso ou malévolo. Supramati desejava se tornar de novo o viajante inapercebido, independente e livre que já tinha sido.

Supramati declarou ao intendente que partiria por duas semanas sozinho, e pediu-lhe que o conduzisse à estação.

E foi com um sentimento de inexprimível bem-estar que ele tomou lugar em um compartimento reservado de primeira classe. Deus seja louvado! O visconde não mais era importante com o seu programa inepto; não veria mais os rostos pálidos e fatigados dos parasitas que o sugavam como sanguessugas.

Era preciso resolver agora a questão – ir para onde? A escolha era vasta, mais de 50 propriedades encontravam-se sob o nome de Naraiana, vilas e castelos que ele possuía em todos os recantos do mundo.

Supramati desdobrou a folha e leu todos os nomes, entusiasmado com a ordem metódica da enumeração, a data da aquisição, o capital representado, o quanto dava de lucro esperado, e o ano da última visita de Naraiana, tudo isso seguindo o nome de cada propriedade. Uma nota especial dizia onde o inventário tinha sido escondido e onde se achava o local provido de ouro e pedras preciosas para o caso de não haver dinheiro num banco.

Verdadeiramente Naraiana tinha sido administrador notável. "Ele despendia grandes quantias, mas não gostava de ser roubado", pensou Supramati, sorrindo. "Eu deveria seguir seu exemplo, pois sua previdência é digna de ser imitada, mostrando quanto ele venceu dificuldades financeiras. É preciso que eu visite o maior número possível de minhas propriedades enquanto ainda estou livre." Mas, começar por onde? A escolha era difícil...

Supramati releu a lista das propriedades europeias.

O nome de um antigo castelo construído nas bordas do Reno chamou-lhe a atenção. Resolveu ir para lá.

"Deve ser interessante", pensou ele; "gosto muito desses velhos ninhos feudais, empoleirados no cume das rochas, como um falcão. Eles guardam o passado perdido e as lendas os cercam de uma auréola poética. O castelo pertence a Naraiana há três séculos, o que representa uma garantia suficiente para que nenhum melhoramento moderno tenha sido feito ali. E é para lá que eu vou."

Em Colônia, o príncipe tomou um barco para continuar a viagem. Era necessário descer em uma localidade pouco frequentada onde o vapor não parava, a não ser para servir algum passageiro.

Supramati encontrou-se perto de um vilarejo cujas casinhas graciosas se viam através das folhagens amareladas das árvores, já começando a se desnudar. Mais ao longe, numa rocha escarpada que parecia inacessível, havia um castelo com torres grossas, cercado de uma parede de ameias com uma ponte levadiça.

No vilarejo, Supramati indagou se alguém poderia

conduzi-lo ao castelo com sua valise. Um velho camponês que consertava um tonel consentiu em levá-lo.

Era uma bela manhã de novembro em que o ar fresco, puro e perfumado deixava o príncipe numa feliz disposição de espírito; o caminho era estreito e íngreme, e se subia devagar, indo para o castelo. O silêncio do estrangeiro logo pesou ao camponês e este começou a conversar com Supramati, perguntando-lhe se era parente do intendente. O príncipe aproveitou para saber sobre os habitantes do castelo.

– Existem um intendente, um cozinheiro, dois lacaios, uma despenseira e minha sobrinha Annchen, que lava pratos. É por ela que sei o que se passa no velho ninho de fantasmas – declarou o camponês.

– Ah! Existem fantasmas lá? Que interessante! – fez Supramati.

– É natural! Todo pardieiro é visitado por espectros... lá... o dono e o intendente fazem comércio com o diabo – os dois!

– Arre! Como sabe disso?

– Ora! Todo mundo sabe disso! Primeiro o proprietário traz um nome diabólico que é impossível articular.

Foi embora há dois anos, ninguém sabe onde está agora... Ora, ele ficou no castelo três anos... depois ninguém mais o viu; uns dizem que ele é bonito e jovem, outros afirmam que é velho... no mínimo 80 anos... se ele vem hoje, mudam todos os empregados, menos o intendente. Até o intendente, ele também, parece muito esquisito; tristonho, silencioso, quase nunca fala; ou faz a volta ao redor do castelo ou está fechado em seu quarto. Ele deve ser velho... no mínimo 80 anos, pois veio a este país, quando meu avô ainda vivia... mas ele tem um ar robusto como se tivesse não mais de 50 anos... e eu posso jurar que só com a ajuda de Satã se consegue não envelhecer...

– Não penso assim... não considero a velhice robusta, forte, como um dom de Satã.

– É... se vê bem que o senhor não é daqui... por isso que não acredita. Aqui compreendemos muito bem as coisas. Não faz muito tempo e o diabo fez das suas! Todos sabem. Soube por Annchen que é franca e nunca mente.

– Que aconteceu?

– Deve saber que existe uma velha capela no

castelo. Por uma porta que permanece sempre fechada se pode subir a uma pequena torre onde certamente se encontra um sino. Pois veja! De repente, há três meses, no meio da noite, esse sino se pôs a tocar... Todo mundo se agitou e correu à capela: estava, como sempre, fechada à chave, e o sino tocando sem parar... Annchen me jurou que nunca em sua vida escutou som assim... aquilo dilacerava a alma... Dava para acreditar que feridos e moribundos gemiam... O intendente correu também. Estava terrivelmente pálido... Em suas mãos se via um molho de chaves... Ele abriu as portas com as mãos tremendo... e imagine!... Todas as velas estavam acesas no altar! O velho caiu de joelhos e se pôs a rezar... mas todos os domésticos fugiram e quiseram deixar o lugar... No entanto, desistiram disso e se renderam aos argumentos do intendente... ficaram... o ordenado é bom e aqui quase não se acha emprego.

Supramati escutava com vivo interesse. Esse acontecimento noturno deveria ter anunciado a morte de Naraiana; o fato em si mesmo era estranho. Mas o príncipe não mais se admirava de nada desde que ele próprio vivia em todo aquele mundo oculto.

Chegaram à esplanada onde se achava o castelo.

Desse lado um grande fosso o cercava; a ponte levadiça estava baixada.

– Precisa tocar o sino e daí abrem – disse o camponês.

Quando Supramati pagou-o ricamente e disse-lhe que podia voltar, o homem decidiu aproveitar a ocasião para ver um pouco a sobrinha.

Tocaram o sino. Passaram-se alguns minutos, uma janela se abriu e um velho servidor disse com voz severa:

– Quem é? O que quer? Este castelo não pode ser visitado por turistas.

– Chame o intendente e diga-lhe que venho da parte de seu senhor – respondeu Supramati em tom imperativo.

Ainda uns minutos se escoaram, as grandes portas se abriram com ruído, e um homem vestido de negro veio com passo rápido ao encontro dos que chegavam.

– Vem em nome do Mestre, senhor? Seja bem--vindo! – disse fazendo uma saudação respeitosa.

– Conduza-me ao gabinete do príncipe! Devo falar

com você! – falou Supramati, fixando o intendente e examinando-o.

Era um homem robusto, de alta estatura, com 50 anos aproximadamente. Sua cabeleira e sua barba começavam a embranquecer, mas a tez de seu rosto, o brilho de seus olhos cinzentos e a ligeireza de seu andar davam-lhe um ar jovem.

O intendente seguia na frente, mostrando com respeito o caminho a seu hóspede. Atravessaram um pequeno pátio pavimentado, depois um largo vestíbulo que outrora teria servido de sala de armas.

O estilo do castelo mostrava ter sido construído no século XII ou XIII. As paredes eram muito espessas, os tetos baixos e as janelas estreitas em seus nichos profundos, parecendo seteiras.

Os móveis, maciços e pesados, obedeciam ao mesmo estilo. Esculturas de carvalho escurecido cobriam as paredes. Na sala grande, cujas paredes se ornavam de retratos antigos e armaduras, Supramati parou e, pousando sua mão no ombro do intendente, disse:

– Eu não vim para cá em nome de seu antigo

senhor; estou aqui por minha própria vontade. Sou Naraiana Supramati, o irmão caçula e único herdeiro do finado príncipe. Você sabe, certamente, que ele morreu, e que o sino da capela soou na noite de sua morte.

O velho intendente lançou um olhar significativo ao príncipe.

– Sim, eu sei! Mas não é possível que ele esteja morto, ele que não deveria morrer – NUNCA! – balbuciou ele.

Mas logo se refez. Tomou rapidamente a mão de Supramati e beijou-a com veneração.

– Seja bem-vindo, Mestre! E que o Senhor bendiga sua entrada nesta casa! Tudo está pronto para o acolher. Tudo está sempre pronto para receber o príncipe, mesmo que chegue inopinadamente.

Supramati olhou com surpresa o homem que estava diante de si e em quem tinha reparado o clarão inapreensível encontrado nos olhos de todos os companheiros do Graal.

– Como sabia que Naraiana não deveria morrer como os outros? – perguntou ele.

– Como não saberia disso? Eu já o venho servindo desde a época das Cruzadas. O Senhor da Vida nos esqueceu – a mim e a meu Mestre – entre os homens – respondeu o intendente com um suspiro. – Agora que ele morreu, enfim, espero que minha vez venha. Mas quando?...

– Falaremos disso com mais detalhes e você me contará sua história, meu velho amigo. Neste momento me conduza ao quarto que ocupava meu finado irmão, e dê ordem de me servir o café da manhã, se ainda é possível.

Os apartamentos de Naraiana compunham-se de três peças, uma das quais a biblioteca que conduzia a uma das torres. Era uma grande sala circular, iluminada por janelas com vidros coloridos. As paredes eram de carvalho escuro; as portas e os vãos recobertos de pesados reposteiros, dando à câmara um ar sombrio e severo.

Sobre as modernas prateleiras de livros, os antigos in-folios encapados de couro; em um canto, um velho relógio. No meio da sala, uma mesa cercada de cadeiras com encosto alto e trabalhado.

A décima câmara era uma espécie de salão forrado de *gobelins*[1] onde figuravam cenas da Bíblia. Em um dos nichos, um armário em estilo gótico com colunas admiráveis, representando os 12 apóstolos. Cadeiras em forma de bancos e largas poltronas com o estofamento de almofadas azuis, bordadas de prata. Um retrato de Naraiana estava pendurado na parede, vestido com roupa luxuosa, costume da época de Francisco I[2].

No quarto de dormir, sobre um estrado, sob um baldaquino com armários, encontrava-se um grande leito recoberto de panos. As cadeiras eram forradas de um tecido semelhante a estes últimos.

Tudo formava uma atmosfera de antiguidade, ligeiramente descolorida, empanada pelo tempo, mas em muito bom estado, produzindo uma impressão agradável de conforto. E depois, como se estivesse no início de novembro e as velhas paredes exalassem frio e umidade, um acolhedor fogaréu queimava nas altas lareiras, expandindo uma atmosfera quente e mais agradável que nas câmaras escuras.

---

[1] Gobelins: célebre manufatura de tapetes em Paris. No singular, gobelin é demônio familiar - Nota do tradutor.
[2] Francisco I, Rei da França de 1494 a 1547 - Nota do tradutor.

– O jantar será servido em um quarto de hora, príncipe; estará pronto às sete horas – disse o intendente e saiu saudando.

Assim que Supramati ficou só, teve tempo de olhar superficialmente ao redor de si, mas já o intendente vinha com uma grande bandeja de prata que ele pousou, sob ordem do príncipe, sobre a mesa da biblioteca.

– Como você se chama, caro amigo, e há quanto tempo serve a meu irmão? – perguntou Supramati, pegando um pedaço de galinha frita.

– Sou Jean Tartoz... fui servidor do finado príncipe desde as Cruzadas. Oh! Já vi o mundo e vivi numerosas aventuras, respondeu o intendente com um suspiro.

– Esta noite e amanhã, Tartoz, vai me contar tudo com detalhes; depois do jantar, gostaria de visitar o castelo – disse Supramati enchendo de vinho espesso como xarope uma taça antiga sobre a qual as armas estavam desenhadas. – Que vinho esquisito!... Muito bom... Mas muito espesso.

– Este vinho tem 300 anos. A reserva está conservada em nossas adegas não menos providas que aquelas de alguns mosteiros – respondeu o intendente, piscando o olho com altivez. – A chave das adegas nunca me deixa e eu renovo os tonéis assim que eles começam a esvaziar.

– Você não se aborrece aqui, nesta solidão, meu pobre Tartoz?

– Nem sempre vivi aqui, Alteza. Fiquei muito tempo no Tirol, onde o finado príncipe possuía um castelo que não mais existe... Também estive na Bretanha... Estou aqui já há 300 anos. Além disso, saio bastante... Oh! Chego a esquecer a soma dos anos! Para não atrair a atenção, e a fim de que não me tomem pelo diabo, o que seria perigosíssimo antigamente, pois até poderiam me levar à fogueira, eu recorro a ardis, à astúcia, a diversas medidas. Mudo os empregados, emprego outros, deixo crescer a barba, raspo a barba... até tinjo os cabelos... Parto e volto com nome de outro intendente... E todos morrem ao meu redor... e como tenho o mínimo de ligação com os habitantes da vila, me esquecem e ninguém pode crer que eu sou sempre o mesmo... Não posso me queixar; porto-me como um homem de 20 anos; nunca fico doente. Meu mestre sempre foi bom comigo... Muitas vezes viveu aqui dois ou três anos seguidos, quando tinha necessidade de calma e solidão. Mas,

Senhor, como pôde morrer ELE que não devia morrer? Não posso compreender – disse Tartoz – e, pensativo, pôs a cabeça entre as mãos.

– Ele estava cansado de viver e teve a sede da tranquilidade da tumba – considerou tristemente Supramati. – A imortalidade tem seus inconvenientes.

– Sim, certamente! Nisso há profunda razão... Eu próprio sofro eternamente... o sofrimento de sobreviver àqueles a quem se ama. Quantas vezes já me casei!... Quantos filhos já tive!... e enterrei uns após os outros... até a minha raça se extinguiu... e eu permaneço.

– É doloroso... pois nesta vida solitária a gente não se liga aos demais.

O intendente enxugou os olhos. Supramati baixou a cabeça. A tristeza e a angústia que, por momentos, torturavam o mordomo, de novo se apoderaram dele. Mas, logo dominando aquele sentimento, empurrou a cadeira e se levantou.

– Mostre-me o castelo, meu amigo; eu gosto muito desses velhos ninhos feudais. Eles respiram sempre os tempos de antanho... e este castelo parece ser bem conservado...

– Há cem anos fizeram modificações profundas. Seu finado irmão consertou tudo com cuidado, sem permitir nenhuma troca de estilo. Por um ou dois séculos este castelo vai permanecer sólido.

O príncipe visitou o castelo com vivo interesse; cada uma das salas, cada torre, cada uma das galerias abobadadas possuíam sua lenda que Tartoz resumia. Mas por mais breve que fosse seu comentário, Supramati notava que as mulheres ali sempre haviam desempenhado papel principal, tanto quanto os antigos senhores do castelo, exceto Naraiana.

No andar inferior, Supramati passou em revista a coleção das armas, pouco numerosas, mas constituídas de objetos raros e caros. Daí desceram ao subterrâneo; Tartoz mostrou ao príncipe as celas da prisão e as câmaras isoladas, cavadas na rocha. Duas portas estavam fechadas à chave e, fazendo o sinal da cruz, o intendente declarou que aqueles lugares horríveis tinham história trágica...

Supramati teve o desejo de penetrar nas câmaras que possuíam o segredo de algum drama sangrento do passado, mas diante da expressão preocupada e inquieta de seu intendente, dominou-se. Tartoz, querendo mudar o curso da conversação, conduziu rapidamente o príncipe à adega.

Era uma grande peça subterrânea; dois pilares maciços sustentavam o forro arqueado e tonéis da altura de um homem se encontravam enfileirados junto à parede; estavam envelhecidos pelo tempo; uma pequena prancha de cobre pregada sobre cada um dizia o nome e a idade do vinho; nos cantos, sobre montes de areia, garrafas tornadas cinzentas pelo tempo estavam devidamente fichadas.

No meio da cave, o príncipe notou uma mesa redonda com alguns bancos; uma lâmpada a óleo presa por cadeia de ferro caía do teto e sua luz vacilante se refletia sobre uma grande bandeja de prata e sobre copos de ouro pousados sobre a mesa.

– Oh! Você já tinha iluminado a cave em minha honra! – disse Supramati sorrindo.

– Não, Alteza! Eu nunca deixo esta adega na obscuridade. Mas queira se sentar, descanse e beba muitos copos do vinho mais velho daqui. O seu finado irmão fazia-o sempre para festejar sua chegada. Ele descia a esta cave, eu o servia do melhor vinho e nós bebíamos à saúde dele... se bem que – Deus seja louvado! – ele se achava sempre forte e vigoroso.

– Mas, meu caro Tartoz, se eu me sirvo aqui, após ter tomado todo aquele vinho que tomei no jantar, vou ficar bêbado – disse Supramati rindo.

– Agora se traiu, príncipe. Sua imortalidade é recente... senão saberia que não deve ficar bêbado – respondeu Tartoz, com um sorriso malicioso...

– Seja... então me dê... Somente quero que beba comigo.

O príncipe tomou um copo de velho vinho perfumado que correu por suas veias como se fosse fogo.

– Excelente! Um verdadeiro néctar! Você disse que Naraiana gostava deste vinho, Tartoz?

– Certamente. Quando estava no castelo, ele descia muitas vezes aqui. E quando chegou a última vez, há dez anos, para se casar, ele...

– Como? Naraiana era casado havia dez anos? – exclamou Supramati, espantado. Mas com quem ele se casou? A princesa Nara?

– Não, ela se chamava Eleonora. Ele a trouxe aqui e um velho padre os casou secretamente na capela do castelo. Depois partiram; um ano e meio depois voltaram... Mas a princesa estava doente... à morte... e, numa manhã, foi encontrada morta em seu leito... foi enterrada aqui, no jazigo da família... A condessa Gisele morreu também aqui, conosco...

– Quem era a condessa Gisele?

– A filha de um conde bávaro. Foi durante a Guerra dos Trinta Anos. O príncipe encontrava-se então nas fileiras da armada de Wallenstein, sob um falso nome. A condessa Gisele ficou perdidamente apaixonada por ele e quando soube que o príncipe havia partido para o campo de Wallenstein, ela se disfarçou de pajem e acompanhou-o nos diferentes movimentos do exército. O finado príncipe ficou tocado com esse devotamento e como a guerra lhe pesava muito, voltou aqui com a condessa e desposou-a. Eu a vejo ainda, como se ela estivesse viva, no dia em que chegou... Vestida de negro, mas linda como uma rainha; a tez de seu rosto tinha a brancura da neve e os olhos brilhavam como diamantes. Viveram felizes durante cinco ou seis anos; depois a condessa Gisele ficou doente, e morreu ao pôr um filho no mundo. A criança só sobreviveu alguns meses à sua mãe. Ambos estão enterrados no jazigo.

– Não houve outras mulheres, bem próximas de Naraiana, fora Gisele e Eleonora, que tenham sido enterradas no jazigo? – perguntou o príncipe, cada vez mais surpreso.

– Sim! A bela sarracena Isoline e uma outra... Ele veio do Tirol com elas, quando o raio queimou o castelo lá de baixo.

– Naraiana trouxe a sarracena depois das Cruzadas, suponho?

– Precisamente. Na época da Terceira Cruzada, quando eu entrei a seu serviço. O príncipe tomou a cruz; mas tinha outro nome – Cavaleiro Radek. Ele reuniu e armou um destacamento de arqueiros a cavalos. Eu estava nesse número... sou ótimo na arte de atirar com arbaleta[3]... Primeiramente nós seguimos o imperador Barbarroxa... depois, eu não sei por que motivo, meu mestre passou para as fileiras do rei da Inglaterra, Ricardo. Eu me distingui no cerco de Santa Joana d'Arc e pensava ter duas vezes salvado a vida de meu

---

[3] Arbaleta: antigo instrumento formado de réguas de visadas horizontais, servindo para medir alturas. (Dicionário Aurélio) - Nota do tradutor.

mestre; ignorava ainda que ele era imortal. A primeira vez, durante uma quente misturada com os infiéis, um cavaleiro sarraceno abriu-lhe a cabeça com uma cimitarra[4]... Minha espada aparou o golpe. A segunda vez, uma prisioneira sarracena quis envenenar o príncipe... eu consegui impedir esse ato odioso. O príncipe riu dessa tentativa de morte, mas me declarou estar reconhecido. Ele cuidou de mim quando fui gravemente ferido... Sentia-me cada vez pior e, numa noite, acreditei ser chegada a minha hora. O príncipe aproximou-se e olhou-me longamente com ar preocupado. Depois se ajoelhou perto de meu leito e murmurou:

– Você quer sarar e viver longamente... tão longamente que vai perder a conta dos anos? E não irá me maldizer?

– Não compreendi toda a significação de suas palavras, mas eu queria viver. Então respondi:

– Oh! Mestre, me cure e eu o bendirei sempre, por toda a minha vida.

Então ele me deu um vinho... nunca experimentei coisa igual. Tudo parecia queimar e rebentar em mim...

[4] Cimitarra: sabre oriental de lâmina larga e recurva, com um só gume (Dicionário Aurélio) - Nota do tradutor.

e eu perdi a consciência... Quando acordei, estava tão forte e bem-disposto como estou hoje...

Voltando à Europa, o príncipe trouxe a bela sarracena que logo morreu. Então ele desposou Isoline, que ele tinha conhecido no palácio de um *herzog*[5] austríaco.

– Quanto a mim, veja, eu vivo, vivo... se bem que às vezes me sinto muito cansado de viver. De outra forma, não posso me queixar... o príncipe retribuía-me sempre largamente. Tenho tido o direito de habitar qualquer de seus domínios – ele sempre me honrou com sua confiança... Muitas vezes uma horrível tristeza me torturava... e durante essas épocas de negro desespero, cheguei a ser monge e passei 30 anos num mosteiro, mas essa existência me passou finalmente; fugi para reencontrar meu mestre. Ele escarneceu de mim e me casou em seguida... Para purificá-lo da tonsura e da sotaina – disse ele rindo.

O intendente calou-se e abismou-se em suas recordações. Supramati também se ensimesmou. Depois, refazendo-se rapidamente, ele disse:

– Tartoz! Chegou a conhecer a princesa Nara, a viúva de Naraiana?

---

[5] Herzog: duque austríaco ou alemão - Nota do tradutor.

Tartoz estremeceu, depois respondeu em voz baixa:

– Se está pensando na bailarina de Benares, sim. Ela era loira de olhos pretos. Não sei se é dela que está falando.

– Uma loira com olhos negros... – repetiu Supramati, emocionado.

Depois, indicando um dos bancos, ele ajuntou:

– Sente, Tartoz, e me conte tudo em detalhes o que você sabe da bailarina de Benares.

– Isso aconteceu recentemente... 180 anos quando muito, começou o intendente após ter refletido. – Eu vivia então na Bretanha, num outro castelo do príncipe, e era casado com a corajosa Celestina. Éramos muito felizes. Nosso primeiro filho acabava de completar um ano... quando o príncipe chegou inopinadamente. Devo acrescentar que ele tinha estado ausente mais de dois anos. Onde havia estado? Ignoro. Chegou à noite, numa carruagem com muda de cavalos, já que tinha pressa em chegar. Desceu trazendo em seus braços uma forma longa, dissimulada nas dobras de seu manto. Minha mulher foi chamada e depois me contou que o príncipe havia trazido uma mocinha bem nova, linda como um anjo, mas que parecia estar muito doente, pois ela estava desmaiada... e foi preciso mais de uma hora de esforços para a reanimar.

A mocinha ficou gravemente doente durante muitas semanas. O príncipe parecia amá-la muito, não parando de cuidar dela, ajudado por minha esposa.

Mais tarde cheguei a ver por mim mesmo a estranha mocinha. Ela era de fato diabolicamente linda... e tão boa e sensível que eu e minha mulher nos ligamos a ela, sobretudo quando nos púnhamos os três a conversar. Então soubemos que era uma bailarina nativa de Benares. Primeiramente a mocinha se exprimia numa língua desconhecida que somente o príncipe compreendia. Quando entrou em convalescença, recusou-se claramente a vestir as roupas que lhe ofereceu minha mulher. A jovenzinha continuava acamada. Então o príncipe ordenou abrir a mala que havia chegado com tecidos e roupa que nunca havíamos visto, mas sabíamos serem orientais; saias bordadas em ouro e prata, echarpes matizadas e estranhas pedras preciosas unidas por longos fios perolados.

A jovem desconhecida, que já se levantava, estava entusiasmada. Ela se arrumou imediatamente, rodeou seus tornozelos e braços com pesados braceletes e prometeu dançar assim que se sentisse forte sobre as pernas. Mais tarde ela dançou e cantou acompanhada de um instrumento que parecia uma guitarra.

O príncipe a adorava; mas ela, coisa estranha, mal suportava a presença dele e o manifestava abertamente. No começo ele ria e a beijava à força, enquanto ela o repelia; depois suas relações distenderam-se e as querelas explodiram. Os dois falavam uma língua que não se entendia, mas os gestos e o tom diziam que as palavras eram ferinas, amargas.

Uma noite ela fugiu de seu quarto de dormir e pediu guarida junto a nós. Ela tremia de febre e nos fez compreender, por gestos e palavras pronunciadas em sua língua terrível, que ela não queria o príncipe e que ele lhe inspirava horror. Alguns dias depois fomos acordados de novo; dessa vez era o príncipe quem gritava, e nós nos precipitamos ao jardim, pois os gritos vinham de lá.

Havia um grande tanque no parque. A infeliz

bailarina, fugindo do príncipe, tinha-se precipitado na água. Ele parecia ter-se atirado ali também, pois estava molhado da cabeça aos pés, mas não pôde encontrá-la. Ignorava o lugar onde ela tinha-se afogado. Imediatamente deu ordem de fazer procuras, prometendo uma fortuna a quem lhe conseguisse trazer o corpo da jovem. Nunca vi o príncipe naquele estado de raiva: estava pálido, batia os pés no chão e gritava blasfêmias.

Mais de uma hora se escoou em vãs procuras; os croques[6] e as redes nada traziam à tona. Enfim, Théophile, o ajudante do jardineiro, tocou o corpo e trouxe-o a terra.

A bailarina parecia morta, e nem poderia ser de outra forma, pois ela passara mais de uma hora sob a água. Seu rosto estava azulado, seus membros, gelados, sua roupa leve molhava seu corpo e a água escorria de seus cabelos.

O príncipe se jogou sobre ela como um louco; suas mãos tremiam, seus dentes batiam. Ele não permitia que ninguém chegasse perto e levou-a, ele mesmo, ao laboratório.

---

[6] Croque: vara provida de um gancho na extremidade e utilizada pelos barqueiros para atracar o barco - Nota do tradutor.

– Então ele tem um laboratório? Qual? – interrompeu Supramati, impressionado de estupor, diante das novas revelações sobre Naraiana.

– Um laboratório de alquimia. Ele se fechava ali muitas vezes por dois ou três dias, não permitindo que ninguém o incomodasse. Nós presumíamos que ele fabricasse ouro com a ajuda do demônio. Todos temíamos o lugar e o evitávamos.

O príncipe ali levou a bailarina. Que ele fez? Por quais encantamentos ele a pôde ressuscitar? Ninguém soube e eu também ignoro. Três dias depois ele reapareceu com a bailarina viva, mas parecia que ela não tinha uma gota de sangue correndo em suas veias; a mocinha estava transparente e a expressão de seus olhos me gelou!

Pouco tempo depois eu voltei para cá; o príncipe e a hindu também chegaram. Ele me contou que a havia desposado. Ela não mais o recusou, mas permaneceu triste e apática, como uma mulher condenada à morte. Três meses depois o príncipe partiu levando a princesa. Desde esse dia não mais ouvi falar dela e nem do que lhe aconteceu.

Acho que ela morreu, pois o príncipe se casou outra vez no castelo. Mal me lembro do nome da bailarina, mas algo me lembra da princesa, sua viúva, cujo nome o senhor pronunciou... Se eu a visse, eu a reconheceria. Talvez ela viva ainda, se o príncipe deu a ela a mesma substância que deu a mim... Poderia acontecer...

Ainda pode ser que o príncipe tenha-se casado outra vez aqui, escondendo esse casamento secreto à princesa. Sua última esposa só saiu deste castelo para ser enterrada no jazigo.

Supramati subiu ao quarto abismado em pensamentos que a narrativa de Tartoz tinha suscitado. Retomou na manhã seguinte a visita à outra parte do castelo. Queria ficar sozinho. Quanto mais pensava em Naraiana, mais este ser lhe parecia impenetrável. Os retratos que havia em Veneza eram certamente lembranças daquelas mulheres efêmeras, todas logo ceifadas pela morte.

– Mas por que essas jovens vidas morriam? O sopro poderoso da existência imortal desse homem queimara-as a ponto de matá-las, ao invés de guardá-las vivas? Era possível que ele não tivesse filhos, algum herdeiro direto? Até legara todos seus bens a um estranho...

Todas essas questões ficavam sem resposta. Aliás, nesse momento, o único interesse de Supramati era: Nara e a bailarina eram a mesma pessoa? Ele o saberia quando ela se tornasse sua esposa. Supramati não poderia crer que a criatura inteligente e culta, com aquele olhar endiabrado, pudesse ser uma doce e ignorante dançarina de Benares. Será que ela poderia mudar com o tempo?

E ele se perguntava, receoso, como se organizaria a vida íntima de ambos, no futuro. Seria Nara capaz de um amor sincero e profundo, e poderia ela estar satisfeita com uma vida familiar calma e honesta, que ele considerava o ideal de felicidade?

Conseguiu dormir bem tarde e na manhã seguinte todas as suas impressões estavam apaziguadas; continuou com interesse aumentado a visita pelo castelo.

Primeiramente Tartoz e ele se retiraram para um pequeno jardim cercado de paredes e plantado de árvores seculares; depois subiram na mais alta torre do castelo, de onde se estendia uma vista maravilhosa.

Quando Supramati exprimiu seu entusiasmo, Tartoz esclareceu:

– Sim, é bonita! Mas o príncipe possuía... quero dizer, os senhores têm na Escócia um velho castelo que prefiro a este!... Aquele é construído na borda do oceano, sobre um alto rochedo. A solidão e a serenidade reinam ali, entre o céu e a água. Quando o tempo está bom, o sol resplandece e brilha sobre os cimos das vagas e as aves do mar voam ao redor do balcão. O príncipe gostava muito dessa costa, sobretudo quando as horas negras o acabrunhavam, cheias de desesperanças. Então ele adorava a tempestade. Quando as forças se desencadeavam com furor, e as altas ondas, transformando-se em montanhas líquidas, batiam com estrondo sobre as rochas, o príncipe sentia-se bem e não abandonava o balcão suspenso sobre o abismo.

– Sim, sua alma sofria, e ele não podia achar calma em parte alguma – observou tristemente Supramati.

Os dois visitaram enfim a capela e depois o jazigo, onde o príncipe havia enterrado suas numerosas mulheres.

Esse jazigo era uma vasta sala subterrânea cavada na rocha. Um altar de pedra estava no fundo, com um grande crucifixo em mármore branco, diante do qual estava acesa uma lâmpada. Os túmulos, cuja antiguidade, cuja forma e cujos ornamentos referiam-se aos diferentes séculos, estendiam-se em duas fileiras.

– Se quiser ver as infortunadas princesas mortas, aqui nesta caixa se encontram as chaves dos túmulos. Tartoz indicou uma caixa de madeira preta, com cantos trabalhados em prata, pousada sobre os degraus do altar.

Supramati hesitou um instante. A curiosidade de conhecer as vítimas de seu predecessor foi forte, todavia não desejava tirar a calma daquelas criaturas que repousavam para sempre.

– Oh! Estas tumbas agora só têm ossos – fez ele, indeciso.

– Acho que não! Jamais ousei ver, mas sei que o príncipe, a cada uma de suas vindas ao castelo, descia aqui e abria o sepulcro! Certamente ele queria ver as mulheres que havia amado e não seus esqueletos...

Convencido por esse argumento, Supramati pediu-lhe que trouxesse a caixa preta. Ela continha chaves de todas as formas e de todos os tamanhos.

– Antes de abrir os túmulos, precisa iluminar os candelabros que se acham no nicho lá em baixo. É assim que ele fazia sempre.

– Faça isso, meu amigo – respondeu o príncipe, pegando a chave mais antiga.

Logo as 24 velas ardiam nos antigos candelabros, iluminando amplamente o interior da tumba que Supramati acabava de abrir. Com a mão tremendo, o príncipe levantou a mortalha de seda e logo um grito de espanto e entusiasmo irrompeu-lhe da boca.

Uma mulher jovem, de beleza maravilhosa, parecia dormir diante dele. Estava elegantemente vestida e até metade de seu corpo estava recoberta de flores, tão frescas como se elas acabassem de ser colhidas. Um perfume estranho e sufocante subia em lufadas da tumba. Era semelhante àquele que o príncipe havia sentido na câmara de Liliana. Nas demais tumbas, as mesmas flores e o mesmo perfume. No último túmulo repousava Eleonora, que Naraiana tinha esposado quando de sua última viagem ao castelo. Ela também estava admirável de beleza.

Supramati perguntou, espantado, por que Naraiana

não tinha-se servido do Elixir da Vida para dar vida imortal ao menos a uma daquelas mulheres que havia amado.

– Eleonora não queria morrer... a coitadinha! Amava tanto o príncipe que ficava louca com a ideia de se separar dele. Ele também chorava e a abraçava, dizendo: Seria uma bênção do céu morrer com você, Eleonora! – contou Tartoz, depois de ter dito os nomes de todas as lindas princesas mortas.

Após terminar sua visita ao castelo e ter jantado, Supramati exprimiu a Tartoz seu espanto por não ter visto um laboratório, como aquele que o príncipe tinha na Bretanha.

– O laboratório existe, a entrada é na biblioteca, mas a porta está fechada – respondeu o intendente.

Quando Supramati, muito interessado, pediu a Tartoz que lhe mostrasse a porta, este respondeu que ignorava o segredo que fazia com que ela se abrisse. O finado príncipe o proibia de entrar ali. No entanto, Tartoz consentiu em indicar o lugar da porta.

Ambos se dirigiram logo para a biblioteca e Supramati procurou afanosamente a entrada secreta.

O lugar indicado pelo intendente era recoberto por prateleiras carregadas de livros. O príncipe deveria tirá-los dali, todos, para examinar a parede; levou mais de duas horas para encontrar a abertura, habilmente dissimulada nas prateleiras.

Enfim a porta se abriu e Supramati penetrou num salão sem janelas. Em uma lâmpada suspensa no teto brilhava uma pequena flama azul, semelhante àquela que aclarava o túmulo de Liliana. Expendia uma luz fraca, mas a chama se apagou assim que Supramati se aproximou. Ele trouxe então um candelabro e examinou aquele lugar estranho.

No fundo da sala se achava uma larga lareira com foles, retortas e outros instrumentos de alquimia. Perto de uma parede viu uma mesa e sobre ela um grosso in-fólio[7] encadernado em couro, preso por uma corrente de ferro. Um pouco mais longe se encontrava um armário cheio de saquinhos de couro de cores diferentes, frascos de todas as formas, pequenas caixas e rolos de pergaminho.

Alguns tripés alinhavam-se ao longo da parede, com instrumentos que Supramati não conhecia. Mas o

[7] In-fólio (forma latina): na folha; diz-se de, ou livro ou formato, em que cada folha é apenas dobrada em duas (Dicionário Aurélio) - Nota do tradutor.

que chamou muito sua atenção foram dois objetos no fundo da sala.

Um era uma bandeja triangular de madeira, onde estava fixada uma larga espada; a ponta dirigida para o teto. A lâmina brilhante do sabre estava coberta de inscrições incompreensíveis para Supramati.

O segundo objeto representava uma grande folha metálica, em forma de gongo, fixada num aparador. Isso tudo estava dentro de um círculo vermelho no qual, à exceção de 90 graus, estavam escritos signos cabalísticos no chão cuja madeira formava desenhos.

Supramati nunca havia visto o metal com o qual fora feito aquele gongo. Parecia transparente, depois opaco e ainda refletia todas as cores do arco-íris.

Querendo examinar de perto o objeto estranho, o príncipe entrou no círculo vermelho traçado no chão e se inclinou sobre a folha metálica. Tocou-a, olhou minuciosamente as bordas, o meio, mas esse exame não lhe revelou nenhum mistério. A face era polida; vendo-a de perto, parecia de cor leitosa uniforme, mas, recuando um pouco, logo parecia que reverberava nas diversas nuances das cores do prisma.

Repentinamente lhe veio o desejo de bater naquele metal desconhecido para lhe ouvir o som. Pegou o martelo e deu um pequeno golpe. Escutou um gemido prolongado, sonoro, trêmulo, depois o ruído leve que se mudava em assobio – como a voz do vento varrendo folhas secas. Em seguida veio o estrépito de uma queda d'água, caindo sobre pedras, e o estalido seco de areia quando turbilhona, açoitando uma vidraça. Todos esses ruídos se sucederam com rapidez e o príncipe não pôde perceber bem suas variações. Desejando perceber melhor, deu um segundo golpe com o martelo. Dessa vez escutou um trovão longínquo, depois ouviu vozes humanas, tilintar de armas, o galope de centenas de cavalos. Todos esses sons se aproximavam rapidamente e pareciam enfim tão perto que Supramati se voltou e tombou enfraquecido de espanto e horror.

O círculo vermelho dentro do qual estava queimava agora com uma chama esverdeada e fora do círculo todas as coisas tinham mudado de aspecto. Tudo o que havia no quarto e até mesmo as paredes tinham desaparecido, para dar lugar a um vale largo e montanhoso, ao fundo do qual se achava uma fortaleza cercada de alta muralha ameada.

A paisagem estava iluminada por uma luz frouxa, azulada, fosforescente, e nessa semiluminosidade, o príncipe percebeu colunas guerreiras indo para o assalto já colocando espadas. Na entrada, um destacamento de soldados se apressava no socorro a seus companheiros. A dois passos de Supramati, quase o roçando, os soldados armados de lanças marchavam, seguidos de arqueiros e dos cavaleiros de ferro. Todos traziam sobre suas cotas de malha as camisas em pano branco com cruzes vermelhas sobre o peito ou sobre a espádua.

Uma luz fosforescente brilhava sobre as armaduras e os capacetes de ferro, deixando ver rostos barbudos e olhos brilhando de energia selvagem e vontade inabalável.

A uma certa distância dessa massa de gente, um grupo de cavaleiros avançava a galope. Um homem de alta estatura achava-se no comando, com expressão orgulhosa, enérgica. Seu olhar transmitia severidade cruel, entusiasmo, ousadia. Seu capacete, enfeitado de plumas que flutuavam ao vento, era encimado por uma coroa real; um cavaleiro trazendo no estandarte as armas da Inglaterra o seguia. Vinha em seguida toda a comitiva real, com vestes luxuosas, armadura rica e as coroas heráldicas indicando a alta fidalguia daqueles cavaleiros.

A terra tremia sob os cascos dos cavalos; estes passavam tão perto de Supramati que ele teria podido tocá-los. Ouvia a respiração entrecortada e queimante dos homens e dos animais e percebia o cheiro rude daquela massa de cavaleiros, pajens e guerreiros que desfilavam diante dele, estandartes flutuando, resplandecendo tudo em seus costumes coloridos e pitorescos da Idade Média. Um ruído surdo de vozes e frases entrecortadas de antiga língua inglesa veio a seus ouvidos.

Subitamente o príncipe fremiu. Lá embaixo, sobre um magnífico cavalo preto, viu um cavaleiro cujo rosto lhe era conhecido. Não tinha a pesada cota de malha – tinha uma roupa sarracena, flexível e leve, como se fosse seda, um casquete leve também e sem viseira, recobrindo sua cabeleira encaracolada, negra e espessa. Os grandes olhos sombrios do cavaleiro fixaram Supramati com uma expressão indefinível. Era Naraiana. Quando chegou perto do jovem doutor, o cavalo empinou e lançou sobre o príncipe um punhado de areia. Supramati fechou os olhos e recuou.

Quando os reabriu, a visão tinha desaparecido; o príncipe estava no laboratório, mas não mais sozinho. Do outro lado do círculo de fogo se achava um monge magro e de alta estatura, com rosto de asceta. Seu olhar profundo e sombrio fixava o príncipe com severidade. Levantou sua mão ossuda e pronunciou com voz surda:

– Ignorante insensato! Ousas tocar com a mão insolente nos segredos que não compreendes! Se teu corpo não fosse invulnerável à ação dos elementos, esta hora seria a última de tua existência. Desgraça àquele que evoca o mundo invisível sem ser instruído! Presta atenção, e antes de teres recebido a iniciação, não ponhas a mão nestes instrumentos desconhecidos de ti e que conduzem o homem às vias obscuras do mundo oculto.

Horrorizado, o príncipe percebeu uma multidão repugnante que se apertava atrás do monge. Criaturas odiosas, de pé, agachadas ou rastejantes, meio homens, meio animais. Tinham rostos bestiais, manifestando crueldade infernal.

O monge tinha em sua mão um sino que ele tocou. Os sons foram tão penetrantes, que o príncipe teve uma vertigem e a seu derredor tudo obscureceu; pareceu-lhe que um turbilhão de ar o arrancava do chão e ele rolou no espaço, perdendo a consciência.

Quando reabriu os olhos, viu-se estendido fora do círculo vermelho. Sua cabeça estava pesada, todo o seu corpo dolorido e a peça onde se achava provocava nele um medo tão extraordinário, que ele saiu apressado e fechou a porta. Tinha decidido nunca mais abrir aquela porta, antes de estar suficientemente armado para resistir sem perigo ao terrível mundo oculto em que havia penetrado tão descuidadamente.

Capítulo VIII

Muitos dias se escoaram na calma. Supramati repousava depois das emoções vividas, meditando sobre o passado e o futuro.

Pela primeira vez, desde que ele tinha bebido a essência da vida, experimentava grande fraqueza física, incessantes vertigens, um abatimento que se prolongava. Essas sensações doentias fizeram-no compreender de que terrível perigo tinha escapado, o que iria confirmar sua resolução de estudar o mundo misterioso que cerca o homem. Qual era então aquela lei desconhecida que ele pusera em movimento para evocar de maneira tão maravilhosa aquela página de um passado longínquo?!

A vida de Naraiana tecia-se de segredos que não lhe interessavam de modo nenhum. Não podia compreender aquele homem estranho.

À medida que a saúde lhe voltava, Supramati sentia que o velho castelo, habitado por todo um exército de demônios, já lhe inspirava desgosto. Pensou em partir para visitar outros lugares, viver novas impressões e perguntou-se com angústia, se uma perpétua inquietação não era o atributo fatal da vida perene. O infeliz imortal, não podendo ter calma, transforma-se em peregrino, viajando sem cessar, de um canto a outro do mundo...

Isaac Laquedem, sem trégua nem descanso, percorria o mundo; Dakhir errava sobre as ondas; Naraiana, como o judeu errante, procurava em toda parte a tranquilidade, sem encontrá-la em lugar nenhum. Ele mesmo, desde que era imortal, experimentava um vazio interior e a vaga necessidade do desconhecido; a sociedade fútil havia-lhe sido intolerável em Paris e aqui a solidão e a calma lhe pesavam.

O príncipe decidiu partir para o castelo da Bretanha, onde desenrolara o drama com a bailarina. Queria reencontrar os traços da jovem hindu e saber se tratava-se verdadeiramente de Nara. Deixando o castelo, levou Tartoz consigo. Um servidor fiel e devotado, que conhecia o seu segredo e não o trairia; Tartoz era-lhe necessário. Ninguém podia representar esse papel melhor que Tartoz, que lhe seria, além disso, um guia precioso em seus novos domínios.

A viagem não lhe proporcionou o prazer que esperava. O castelo bretão tinha sofrido muito com a Revolução; o pavilhão onde se encontravam o laboratório e quase todas as câmaras tinha sido queimado. Apesar de todas as procuras, o príncipe não pôde encontrar o menor traço da bailarina, nem um só de seus retratos.

Ele se aborreceu rápido. Uma semana depois, releu a lista de suas propriedades e partiu para a Escócia. Mas vendo os nomes de dois castelos, um em Benares e o outro no Himalaia, veio-lhe o desejo de visitar a Índia, essa região dos milagres, berço da humanidade. Desde longo tempo, queria conhecer aquele país, mas em decorrência de sua doença e de outras condições desfavoráveis, sentia-se sempre impedido de satisfazer tal desejo.

Mas sempre decidido a realizá-lo, estudou o

sânscrito durante alguns anos, sob a direção de um companheiro orientalista.

Tendo liquidado inteiramente tudo o que ainda se relacionava com seu passado, Supramati tomou com Tartoz o barco para Índia, inscrevendo-se com o nome de Ralph Morgan. Não cessou de estudar o sânscrito durante toda a travessia.

Primeiramente ele quis ir até Benares, mas quando desembarcou, o país interessou-o tão fortemente, que ele visitou cidade após cidade, parando muitas vezes no caminho. A beleza dos lugares, a originalidade da civilização antiga e os costumes daquele povo tão especial o absorveram completamente. E como não tinha necessidade de economizar dinheiro nem tempo, o príncipe viajava, obedecendo unicamente à sua fantasia e fazendo também grandes progressos na língua do país.

Supramati só chegou a Benares depois de dois meses após haver chegado à Índia. Foi para um hotel e na manhã seguinte informou-se estar o castelo do príncipe Naraiana a duas horas da cidade.

Alugou dois cavalos e partiu em companhia de um guia hindu.

Após duas horas de caminho, dirigiram-se para o alto de uma colina onde se achava um castelo cercado de vastos jardins, cujas cúpulas dentadas, de uma brancura de neve brilhante, emergiam da espessa verdura.

Supramati reteve seu cavalo e admirou a maravilhosa beleza do lugar, que parecia dormir em serenidade majestosa.

Ele parou diante da entrada de um grande pátio pavimentado: ao centro, uma bacia de mármore rodeada de palmeiras; um grande jato de água esguichava da terra.

Muitos elefantes passeavam livremente no pátio e, perto da fonte, duas mulheres hindus falavam com um homem que trazia um cesto carregado de frutas e legumes.

Supramati e o companheiro desceram dos cavalos e entraram no pátio. Chamando o homem do cesto, o príncipe pediu-lhe que chamasse o intendente. O hindu olhou com hostilidade os estranhos e, sem responder, desapareceu num segundo pátio, separado do primeiro por uma alta grade dourada.

– Inspiramos pouca simpatia – notou o príncipe rindo.

Alguns minutos depois um homem alto e de rosto bronzeado mostrou-se perto da grade. Estava vestido com uma longa roupa branca, um turbante na cabeça, braceletes nos braços e grandes brincos de ouro nas orelhas. O homem do cesto e um outro servidor cercavam-no.

– O que os senhores querem aqui? O castelo está fechado para curiosos; os estrangeiros não podem visitá-lo.

– Não sou um estranho... eu sou o senhor desta casa, o irmão caçula do príncipe Naraiana Supramati – respondeu o príncipe. – Eis o anel de meu finado irmão que confirma minhas palavras.

Ao dizer isso, tirou do dedo o anel de Naraiana e mostrou-o ao hindu.

O rosto do intendente mudou instantaneamente de expressão. Os batentes da grade giraram em toda a extensão e o intendente saudou seu novo patrão, curvando-se até o chão, convidando-o a entrar.

Depois tirou de sua cintura uma pequena trompa de marfim e soprou-a. Enquanto Supramati atravessou o pátio e subiu a escada, dos dois lados, como um formigueiro agitado, apareceram os servidores. Acabavam de saber a notícia e acolhiam seu novo senhor com todas as manifestações de respeito oriental.

Supramati assegurou-lhes sua benevolência e ordenou ao intendente que distribuísse a todos gordas gratificações; depois, muito emocionado, o príncipe entrou no castelo, parecendo-lhe imediatamente penetrar em um país legendário.

Nunca havia visto objetos assim preciosos em tal abundância. O mármore, a malaquita, o lápis-lazúli eram matéria tão comum como a madeira e as pedras em outras regiões. O chão em mosaico era trabalhado em desenhos; as fontes corriam com ruído nas bacias de ônix; e as portas douradas achavam-se forradas de cortinas ricas, bordadas em ouro e prata de sedas multicoloridas. Por toda parte, em vasos magníficos, desabrochavam flores raras; deliciosos perfumes eram queimados em tripés. Papagaios de todas as cores balançavam-se sobre grandes anéis, colibris e outros pássaros cantavam em enormes gaiolas de filigrana.

– Este palácio real me pertence! – exclamou ele. – Quem diria?! Isto é um sonho! Eu me sinto um viajante, pois tudo aqui me é desconhecido. Nenhum hábito, nenhuma lembrança me liga a este país e não me permite sentir realmente proprietário das coisas... Tenho esperança de que este sentimento nascerá com o tempo!... Receio que este palácio possa de repente desaparecer na minha frente!

Esse pensamento trouxe-lhe a alegria habitual. Estendeu-se confortavelmente sobre almofadas de seda e, como estava fatigado por tantas emoções, dormiu um sono calmo e profundo.

A tarde chegou e um servidor acordou-o para dizer que o jantar estava servido. A cozinha refinada e o apetite após o sono permitiram-lhe fazer honra ao repasto.

Depois ele saiu.

Após um longo passeio, Supramati voltou ao seu quarto de dormir. Espantado, parou logo à entrada.

Numa almofada, pousada num degrau da escada, ao pé do leito, uma mulher estava sentada, vestida de branco. Seus longos cabelos loiros, desfeitos sobre o dorso, ornavam-se de fios de pérolas. Sua cabeça estava abaixada e em seu rosto a expressão se figurava de ódio e obstinação selvagem. Suas mãos convulsivamente fechadas pousavam sobre seus joelhos.

Supramati olhou-a com curiosidade. Aquela mulher tinha sido instrumento de prazer para Naraiana ou era isto o que o intendente lhe ordenara – obedecer às ordens do senhor? Ele conhecia já os numerosos exemplos da polidez hindu, mesmo com respeito aos estrangeiros. Essa educação, à vista do senhor, tornava-se obrigatória.

Aproximando-se da desconhecida que não se mexeu e não levantou a cabeça, ele perguntou:

– Quem é você? Quem a trouxe aqui?

Ao som dessa voz, a mulher endireitou-se depressa, fixou-o com seus grandes olhos negros e murmurou tremendo:

– Mas não é ele!...

– Você fala do príncipe Naraiana?

– Sim, do príncipe maldito. Amudu disse: O senhor chegou, vá ao seu quarto.

– O príncipe Naraiana está morto: eu sou seu irmão e herdeiro.

– Morto?! Ele está morto?... então ele podia morrer! – gritou a jovem mulher.

Em um acesso demente de alegria, ela saltou e, os braços levantados, deu volta no quarto, leve e graciosa, qual uma aparição aérea. Depois, reassenhorando-se, ela se aproximou de Supramati e, com os braços cruzados no peito, inclinou-se até o chão diante dele.

– Perdoe-me, príncipe, por estar esquecida diante do senhor! A escrava saúda e atende às suas ordens.

Supramati olhou-a encantado. Excluindo Nara, talvez ele nunca tivesse visto criatura tão linda. Ela também tinha sido vítima de Naraiana; seu ódio selvagem contra ele o demonstrava suficientemente.

– Coitadinha! – disse ele acariciando com doçura a cabeça baixada da jovem mulher. – Nada tema! Eu quero que seja livre e que viva segundo seu desejo. Como se chama?

– Nurvadi – respondeu ela, olhando o príncipe com espanto e reconhecimento. – Eu lhe obedecerei com alegria e, se me ordena, eu o amarei – acrescentou ela, depois de uma curta hesitação. – O senhor é bom! Em seus olhos não há a maldade do tigre, como no outro.

Supramati sorriu.

– Prefiro que me ame sem nenhuma ordem de minha parte. Mas sente-se aqui, perto de mim no divã, e me conte sua história.

Ligeiramente emocionada, mas visivelmente feliz, a jovem mulher tomou lugar perto do príncipe.

– Não sei quem foram realmente meus pais – começou ela – depois de curto silêncio. Devo à minha mãe, uma estrangeira, meus cabelos loiros e a tez clara do rosto. Não me lembro do motivo que nos separou. Mas me contaram que fui encontrada em um hotel, por um velho brâmane que se apiedou de mim e me trouxe para um templo onde fui educada na qualidade de bailarina.

Quando cresci e comecei a aparecer nas festas públicas do pagode, minha beleza atraiu os olhares da multidão. Um jovem homem da casta dos comerciantes me amava e queria casar comigo. Eu o amava também, com todas as forças de minha alma, e nosso casamento foi decidido. Foi paga uma grande soma ao pagode, equivalente à quantia que eu havia custado desde minha infância; mas eis que bruscamente apareceu em meu caminho o demônio que destruiu minha vida...

Onde e quando me viu o príncipe Naraiana? Não sei. Ele perdeu a cabeça e quis a todo preço me possuir. Não explico como ele pôde arrancar o consentimento dos brâmanes para anular meu casamento. Um dia me deram ao príncipe e nós deixamos Benares.

O que sofri então, só Brahma o sabe. Tinha medo daquele homem que tinha roubado minha felicidade e não encontrava palavras para exprimir o desgosto e o ódio que ele me inspirava.

A jovem mulher se calou um momento, toda sacudida por tremor nervoso. Ela continuou, todavia, logo se asserenando.

– Fiquei doente e me lembro muito confusamente dessa época terrível. Ele me levou muito longe pelo mar, a um país horrível, frio e brumoso, onde nada me lembrava o céu azul, o ar embalsamado e as regiões tão belas da minha terra. Eu sentia frio naquela velha casa de paredes tão grossas, sufocava nos quartos úmidos e sombrios, e me sentia perdida entre os seres que não me compreendiam. Mas o amor do príncipe me perseguia e aquilo sim me era odioso.

Uma noite, desesperada, o desgosto me invadiu com uma força tal, que a morte me pareceu preferível àquela existência. Arranquei-me de seus braços, fugi para o jardim, e me joguei num tanque. Perdi a consciência. Meu último pensamento foi que a morte se apoderou de mim! Que bom! Mas me enganei...

Quando voltei a mim, estava deitada sobre uma mesa, no quarto onde o príncipe guardava todas as espécies de instrumentos mágicos. Naraiana de pé, perto de mim, tinha duas esferas. Ele tirava de um aparelho centelhas que envolviam meu corpo todo. A dor que experimentei quando aquelas faíscas me picaram é o que me tinha feito acordar. Berrei, quis fugir, mas me sentia paralisada e não podia fazer um movimento que fosse. Pensei ter morrido uma segunda vez. Nesse momento o príncipe tomou uma colher, pôs em minha boca um líquido que parecia fogo e eu desmaiei. Quando recobrei a consciência, estava forte e me sentia bem como nunca.

Nós vivemos em seguida em diferentes cidades, e

tive de aprender a língua que ele falava. Ele nunca saía comigo e eu vivia sozinha, infeliz e triste. Não ousava lhe resistir. Eu o considerava um poderoso taumaturgo, mas o execrava sempre, cada vez mais, se é que meu ódio podia crescer...

Enfim ele me trouxe para cá e foi embora sozinho. Eu me senti mais feliz, porque me achava em minha pátria; não o via mais e nem experimentava qualquer necessidade, pois estava cercada de luxo e respeito; mas um só desejo havia dentro de mim: queria rever meu antigo noivo. Consegui encontrá-lo, graças a um ardil. Meu Deus! E vi um velho de 80 anos que me olhou terrificado, gritando que maus espíritos tinham-se apoderado de meu corpo, pois eu era tão jovem e bela quanto 60 anos antes...

Espantada, esforcei-me para lhe provar que nada de extraordinário tinha-me sucedido; ignorava que tantos anos haviam-se passado desde minha partida... Mas ele não queria me ouvir. Sua emoção foi tal, que ele desmaiou; pensei que tivesse morrido. Então fugi e depois disso vivo aqui, sempre bonita e jovem, vítima de um sortilégio diabólico.

Naraiana muitas vezes chegava e me levava. Quando eu voltava, aqui encontrava sempre novos servidores, todos desconhecidos. Naraiana não queria certamente que o segredo de nossa vida imortal fosse revelado. Acho que as pessoas pensavam existir um mistério, pelo menos no que concerne a mim, pois toda gente me teme, apesar do respeito que manifestam; evitam-me, e talvez mesmo haja ódio contra mim; eles me chamam de espírito trevoso...

E agora ele está morto... e eu vou morrer? Oh! Como estou cansada de viver!...

Supramati experimentou muita piedade por aquela criatura tão infeliz, tão inconsideradamente arrancada às leis comuns da vida e assegurou ser benévolo a Nurvadi, com sua amizade e proteção.

Seus colóquios com Nurvadi tornaram-se logo uma necessidade para Supramati. O encanto de sua beleza enfeitiçava-o e o fato de que ela havia execrado Naraiana, sem esconder isso a Supramati, e que seu amor todo pertencia a Supramati, a ele e a nenhum outro, lisonjeava muito o amor-próprio do príncipe.

Assim, uma tarde, ele atraiu Nurvadi em seu abraço e declarou-lhe seu amor.

Ela enlaçou seu amante e murmurou com lágrimas nos olhos:

– Ame-me um pouco, Supramati! Estou tão sozinha! Eu vegeto, não vivo. Seus olhos me conquistaram desde que me notou.

Esquecendo Nara e o Palácio do Graal, Supramati beijou apaixonadamente a jovem mulher e prometeu-lhe seu amor eterno...

Nurvadi não era apenas uma beleza na plena acepção da palavra, mas também uma criatura honesta, inocente, natural e fiel. Ela se ressentia de um amor sem limites, tão ardente quanto o sol de sua pátria, por um homem que ela tivesse escolhido. A influência do clima de fogo, a ambiência mágica e a calma dos lugares fizeram florir um idílio puro e tropical no palácio de Naraiana.

Esquecido do passado, do futuro e de sua imortalidade, Supramati viveu apenas o presente. Trocou seu costume europeu por uma suntuosa veste hindu. Passeava de palanquim[1], ou sobre um elefante, e abismava-se completamente nos negligentes sonhos orientais. Todos os seus desejos eram adivinhados pelos que o cercavam e nenhuma sombra de cuidados incomodava o devaneio encantado de sua vida.

Muitos meses se escoaram. E eis que um dia Nurvadi, feliz e enrubescida, anunciou-lhe que se sentia mãe. O acontecimento teve lugar numa hora crítica para a felicidade da jovem mulher, se bem que ela de nada suspeitasse ainda. Os primeiros élans do arrastamento passional extinguiam-se e o egoísmo masculino começava a se manifestar.

Supramati relembrou uma partida necessária à Europa, onde o chamava um dever imperioso, onde o esperava sua esposa – com quem havia-se casado diante de uma confraria severa. Apesar da beleza de Nurvadi, e de seu amor infinito por ele, o príncipe devia, cedo ou tarde, separar-se dela, e essa separação era inelutável.

A notícia de sua futura paternidade desviou seus pensamentos do objetivo imediato que seu espírito

---

[1] Palanquim: liteira usada na Índia ou na China - Nota do tradutor.

perseguia. Não quis partir antes de abraçar seu filho. Contudo, a necessidade de uma troca lembrou-lhe a existência de uma propriedade que ele possuía no Himalaia. Podia ir para a Europa sem ter visitado tal região? Aquela parte da Índia devia ser muito atraente e o que mais o interessava era o mistério; devia ir para lá sem esperas inúteis.

Supramati sentiu um mistério novo e quanto mais ele pensava no palácio do Himalaia, mais a curiosidade e o desejo arrastavam-no a essa viagem.

Decidiu partir acompanhado de Tartoz e de um servidor hindu silencioso, que lhe inspirava toda confiança.

A notícia dessa próxima partida não causou prazer a Tartoz. Seguindo o bom exemplo de seu senhor, ele alegrara sua viuvez com uma jovem e bela hindu, crendo viver num paraíso, graças a todo o luxo que o cercava.

Foi com muita tristeza que Nurvadi soube da partida de Supramati. Ela lhe suplicou que a levasse com ele. O príncipe lhe explicou que seu estado exigia repouso, e acrescentou que sua ausência não levaria senão o tempo necessário à viagem e à visita ao que lhe pertencia. E ela teria de se submeter a essa resolução.

Ele partiu depois de ternos adeuses. Levou cavalos e um elefante que carregava a bagagem; levou também um pequeno pavilhão[2] onde poderia repousar de suas fatigantes cavalgadas.

A viagem foi mais longa e mais penosa do que se havia suposto. Era preciso penetrar montanha adentro, seguindo caminhos íngremes e pouco acessíveis. Enfim os viajantes chegaram a um largo planalto onde havia um edifício de pequenas proporções, e cujos ornamentos lembravam mais um templo que um palácio. Um jardim com espessos matagais cercava a casa que, tal como uma flor gigantesca, destacava-se sobre o fundo da verdura sombria, por sua brancura de neve.

Supramati parecia ser esperado, se bem que não tivesse enviado correio para anunciar sua ida. As portas do primeiro pátio estavam abertas completamente e muitos servidores postavam-se à entrada; um velho vestindo o hábito dos padres de hierarquia inferior os dirigia.

– Seja bem-vindo, príncipe Supramati, novo senhor destes lugares! Que a hora de sua chegada seja a hora

[2] Pavilhão: tenda, barraca - Nota do tradutor.

da felicidade, e que Brahma conceda ao seu predecessor o repouso dos bem-aventurados!

Surpreso e quase irritado com aquela acolhida imprevista, Supramati agradeceu ao velho que se nomeou o intendente Avrita e seguiu-o.

Na casa, malgrado o luxo, tudo parecia simples e severo. Uma semi-obscuridade misteriosa reinava em todas as peças. Supramati experimentou a mesma impressão de quando chegou – era um templo e não uma residência de simples mortal.

Assim que o príncipe se sentiu refeito e trocou suas roupas, Avrita perguntou-lhe respeitosamente se ele aceitaria ser conduzido para perto de seu pai.

Supramati o olhou surpreso, não compreendendo de que o intendente falava. No entanto, habituado já a surpresas, dominou-se logo e declarou-se pronto a segui-lo.

Atravessaram uma longa galeria que parecia dividir a casa em duas metades, passaram diante de uma sala onde o príncipe percebeu instrumentos estranhos e pararam diante de um reposteiro feito de tecido com reflexos de ouro e prata. Avrita levantou-o e, com um gesto, convidou-o a entrar.

Supramati encontrou-se dentro de uma sala grande, dando para um terraço que servia evidentemente de biblioteca, pois apresentava aparelhos astronômicos e um grande acervo de gravuras e prateleiras. No meio da peça, um homem sentado junto a uma mesa, numa poltrona de junco trançado; compasso na mão, desenhava figuras e traçava signos sobre uma grande folha branca.

Com o leve ruído feito pelo príncipe, o desconhecido pousou o compasso sobre a mesa e levantou-se.

Supramati recebeu um impacto. Recuou.

Nunca antes havia um homem lhe inspirado, ao primeiro olhar, o respeito e a certeza de ver um ser extraordinário e poderoso!

Era um senhor bem alto e muito magro. Estava vestido de branco e tinha um turbante da mesma cor na cabeça; em seu rosto bronzeado distinguia-se a bondade severa; uma barba negro-azulada o enquadrava. Nem por um minuto Supramati poderia considerá-lo seu companheiro ou seu igual. A calma majestosa e a pujança dominadora que ele respirava confirmavam o nome que Avrita lhe havia dado: Pai.

Mas foram seus olhos que se impuseram imediatamente ao príncipe: grandes, sombrios, impenetráveis, cuja flama não se podia sustentar. Um clarão inexplicável brilhava neles, cuja força perfurava a alma e lia nas profundezas do ser que aqueles olhos fixassem.

Supramati, obedecendo a um impulso, inclinou-se até o chão diante dele, e pronunciou com voz indecisa:

– Eu o saúdo, Mestre, e rogo me conceder hospitalidade.

Um sorriso sutil perpassou pelos lábios do desconhecido. Ele pousou a mão sobre o ombro de Supramati e disse afetuosamente:

– Seja bem-vindo, meu filho! Mas me pedindo hospitalidade, engana-se; aqui você é o dono e eu sou o hóspede.

Supramati estremeceu. Ele já havia ouvido aquela voz profunda, com timbre metálico. Onde a tinha ouvido?...

Lembranças confusas, imagens imprecisas, sensações caóticas o assaltaram. E tudo se confundiu em um sentimento de confiança ilimitada e de amor por aquele estranho.

O desconhecido fixou no príncipe seu olhar de fogo, depois foi até ele, pediu-lhe para sentar e pronunciou afetuosamente:

– Chamo-me Hebramar, e moro há longo tempo aqui, por convite de Naraiana, estudando problemas que ainda não pude resolver... Ele vinha às vezes a esta casa, sempre insatisfeito, coberto de ferimentos morais e preso a espíritos elementares que ele evocava e que não tinha o poder para subjugar. Naraiana procurava refúgio aqui, onde seus perseguidores não ousavam penetrar, e consagrava-se de novo a todo o ritual das provas. Isso não durava muito. Ele enfraquecia depressa, arrastado por suas paixões, e desaparecia novamente. Depois de seu último ensaio, Naraiana não veio mais e, empurrado pelos espíritos elementais, quebrou a cadeia que o unia ao corpo.

Hebramar baixou a cabeça e se abismou em profunda meditação que Supramati não ousou interromper. O príncipe experimentava, aliás, um estranho mal-estar que se manifestava sob a forma de uma vertigem intermitente.

Hebramar afinal voltou em espírito. Assim que seu olhar fixou a palidez do rosto de seu intendente, ele se levantou.

– Venha, meu filho! É hora de jantar e o ar puro lhe fará bem. Nesta sala a atmosfera é saturada de perfumes aos quais você não está habituado e de vibrações que agem maldosamente sobre você. Mais tarde, quando for um iniciado, perceberá que são emanações caóticas e desequilibradas da multidão que o fatigam e perturbam.

Hebramar ergueu o reposteiro e saiu com o príncipe por uma longa galeria com arcadas esculpidas e esmaltadas, parecendo rendas de ouro costuradas de pedras preciosas.

A galeria conduzia a um terraço; dali ambos desceram para o jardim e se dirigiram a um pavilhão, sobre uma eminência, onde numa mesa estava o jantar servido. A vista do pavilhão era esplêndida.

Entre duas rochas, como através de uma janela gigante, altas montanhas se divisavam no horizonte. Um caminho quase a pique descia ao vale. Uma correnteza caía com ruído de uma das rochas, onde brincavam fogos multicoloridos dos raios do sol que se deitava. Aquelas águas selvagens tornavam a paisagem mais severa e mais grandiosa ainda. Do lado oposto a visão era um contraste completo pelo seu calmo idílio.

Lá, no meio de uma pradaria verdejante, plantada de árvores, estendia-se um lago, onde cisnes brancos e negros deslizavam sem ruído sobre a face polida. Palmeiras cresciam na margem e se refletiam na água. Um sentimento inefável de serenidade e bem-estar inundou Supramati e um raro torpor tomou conta dele, parecendo-lhe estar sendo embalado suavemente por ondas lentas. Toda a atmosfera e a paisagem que o cercavam pareciam-lhe fosforescentes. Criaturas transparentes, iluminadas por luz celeste, deslizavam na pradaria, vestidas de túnicas brancas. Seus rostos, com contornos imprecisos, eram ternos e calmos e cada um de seus movimentos deixava traços luminosos e embalsamados.

Capítulo IX

Os dias que se seguiram foram para Supramati uma época de felicidade e de calma indefiníveis. Até o almoço o hindu ficava invisível e o príncipe lia ou passeava nas redondezas. O meio do dia e as tardes eram consagrados a conversas.

Uma tarde em que os dois estavam falando de Naraiana, Supramati lembrou-se de repente de Liliana. Ele contou brevemente ao Mestre as circunstâncias que lhe haviam permitido descobrir aquele crime e perguntou a Hebramar em qual estado se encontrava a jovem – estava morta ou vivia numa vida misteriosa?

– Se eu puder levá-la ao estado normal da vida, queira, ó Mestre, dizer-me como devo agir. E se ela está morta, prefiro enterrar essa infortunada, segundo o rito cristão, em vez de deixá-la em seu caixão de vidro.

– Eu conheço esse último crime de Naraiana; e o mais odioso é que ele se serviu de uma substância que não tinha suficientemente estudado; assim ele causou a essa mulher sofrimentos terríveis. Ela não está morta; está num estado parecido ao sono letárgico, com a diferença de que sua consciência se conserva inteira. Ela tem fome, sede, sente a dor da ferida e vive apavorada de ficar eternamente nesse estado terrível.

Vou lhe dar outra substância; não é o Elixir da Vida, mas basta para salvar essa mulher. Remeto junto instruções escritas detalhadas para melhor você atuar. Direi somente que será necessário colocá-la num banho quente; não se assuste se vir sangrar muito sua ferida.

Depois você a deitará numa cama, bandará o ferimento após ter aplicado sobre sua chaga a pomada que darei. Enfim, colocará em sua boca um pouco de vinho quente, pois ela estará gelada e terá a aparência de morta. Quando a letargia estiver completamente dissipada, a mulher abrirá os olhos, mas cairá quase imediatamente em sono profundo, que não durará menos que três dias. Quando ela acordar, dê-lhe de comer – não carnes, mas leite e legumes somente. Quando ela se restabelecer completamente, já poderá fazer o que quiser. Ela voltará à sua vida feliz e viverá longo tempo.

– Ela tomou o Elixir da Longa Vida?

– Não. Naraiana derramou o elixir em sua ferida. A ação do licor é bem diferente daquela que tem lugar quando essa essência é introduzida no estômago.

Hebramar levantou-se e saiu em busca dos medicamentos.

À aurora do dia seguinte Supramati se despediu de Hebramar e foi para Benares. Nurvadi acolheu-o com alegria profunda e sincera que muito o comoveu e abalou sua decisão de deixar a Índia sem tardar.

O amor sem limites daquela jovenzinha, a vida luxuosa no palácio encantado, a beleza da natureza, tudo contribuía para retê-lo, apesar do remorso de sua consciência. A honra ordenava-lhe voltar para Nara e o amor ao próximo exigia dele que livrasse a infeliz Liliana dos terríveis sofrimentos.

Apesar dessas razões tão sérias, o príncipe não

deixou Benares, e o nascimento de seu filho fez-lhe, por algum tempo, esquecer tudo no mundo. Uma torrente de sentimentos novos inundou seu ser e ele se sentiu apaixonadamente ligado à criança, cujos olhos brilhantes o fixavam com confiança e carinho. O pensamento de se separar de seu filho era-lhe doloroso, e outros seis meses se passaram para poder se decidir a partir.

Um dia calculou que sua estada na Índia já durava um ano e meio. Sentiu-se embaraçado, envergonhado. Que Nara pensaria dele? Nunca recebera notícias dela. Os sofrimentos da infeliz Liliana acusavam-no também... Seu dever era partir, sem mais espera. De tempo a tempo voltaria para ver seu filho, ninguém o poderia interditar.

Temendo sua indecisão, anunciou em seguida a Nurvadi que negócios urgentes chamavam-no à Europa e que sua partida teria lugar em alguns dias.

Nurvadi, pálida, olhos cheios de lágrimas, não protestou. Ela o enlaçou e murmurou entre soluços:

– Você me deu tanta felicidade, que de nada me posso queixar. Deu-me o dom de seu amor e me deixa este menino – lembrança viva sua – e a educação dele encherá minha vida. Prometa-me somente que não nos esquecerá completamente vindo visitar seu filho, a fim de que ele conheça o pai e possa fruir de seu amor e de seu carinho, mesmo que seja raramente.

Profundamente comovido, Supramati estreitou-a em seus braços e disse:

– Eu prometo, Nurvadi, nunca esquecer os dois e vir aqui, perto de você e de nosso filho, desde que me seja possível. Levo comigo fotografias e você me escreverá ao endereço que deixarei.

De coração pesado, Supramati preparou-se para a partida. A separação iminente era-lhe imensamente penosa. E, naquele momento, ele se sentiu completamente indiferente com relação à sua esposa legítima; a beleza de Nara desvanecera-se, desaparecera diante do sentimento paternal que inundava seu coração.

Subitamente sentiu um novo medo – e se seu filho morresse? Não o veria mais e a infeliz Nurvadi ficaria completamente só, e ele perderia os dois. Mas ele possuía o meio de tornar seu filho imortal!

Tomou a decisão e tornou-se calmo. Na noite que precedeu sua viagem, foi silenciosamente ao quarto onde a criança dormia placidamente no seu berço, coberta com um leve tecido de seda. Bem pertinho, no chão, dormia sua babá hindu.

Supramati ajoelhou-se e olhou por longo tempo a bela criança. Sim, ele queria vê-la sempre bonita e com boa saúde, e iria garantir sua vida contra todos os azares.

Preparou do Elixir da Vida um quarto do que se dá a um adulto e o pôs, com a ajuda de uma colher, na boquinha rosada do nenê. A criança se debateu em convulsões, depois se estirou e ficou gelada. Pálido de espanto, Supramati tomou-o nos braços e, não sabendo o que fazer, levou-o ao terraço, esperando que o ar fresco lhe fizesse bem. Mas o menino não se mexia... sua respiração tinha parado e as batidas do coração não mais se percebiam...

– Senhor! Será que o matei? Mas é impossível! – murmurou o príncipe, tornando a deitar seu filho no berço.

Nurvadi notou, nesse momento, a ausência de Supramati. Levantou-se e, não o achando no quarto, dirigiu-se à câmara do pequenino. Cuidadosamente levantou o reposteiro e viu o príncipe de joelhos diante do berço. A jovem mulher pensou que a dor da separação tinha levado o príncipe a vir uma última vez contemplar seu filho; ela sorriu feliz, e retirou-se sem ruído.

Mais de duas horas se escoaram; duas horas de agonia intolerável. Enfim, o príncipe teve um suspiro de alívio. Um ligeiro rubor coloriu as faces da criança e sua respiração se fez regular e profunda, mostrando que estava em sono normal.

Na manhã seguinte, triste, de coração opresso, Supramati deixou Benares e alguns dias depois viajava para a Europa.

Chegando em Paris, proibiu a seus empregados divulgar a notícia de sua chegada. O príncipe sabia que o visconde e todos os seus amigos precipitar-se-iam em sua casa. Queria ficar tranquilo e livre, pelo menos durante alguns dias.

Descansou, jantou, depois se fechou em seu quarto, proibindo seus servidores de incomodá-lo, sob qualquer pretexto que fosse.

Tomou então o cofre de cedro que lhe tinha dado Hebramar e abriu-o. Lá encontrou um grande frasco cheio de um líquido incolor, um pote de pomada que parecia cera, mas suave ao toque, e enfim duas ampolas – uma verde e outra vermelha. O mago ainda tinha posto um papel contendo instruções precisas para o emprego dos diversos medicamentos.

Leu atentamente e muitas vezes todas as recomendações, depois apertou o botão secreto para abrir o lado da parede, e penetrou nos quartos de Liliana. Nada estava mudado.

Supramati iluminou todas as velas e lâmpadas, preparou as cobertas da cama, as bandagens, o leito, tudo enfim de que teria necessidade. Abriu as torneiras da banheira e encheu-a de água quente.

Então se aproximou do caixão de vidro e tirou o pano que o recobria. Liliana apareceu tal como já a tinha visto. Mas como fazê-la sair do esquife hermeticamente fechado e cheio de um líquido que talvez fizesse mal a ele mesmo?

Depois de refletir longamente, voltou ao quarto, vestiu altas botas impermeáveis, luvas de couro, armou-se com um martelo e pinças. Arrumou a coberta perto do caixão e colocou à altura de sua mão um cesto cheio de areia que encontrara no guarda-roupa. Após esses preparativos, Supramati bateu com um golpe do martelo no canto do caixão, conseguindo quebrá-lo, e o líquido correu com ruído pelo chão. Em seguida, quebrou a cobertura, levantou Liliana, que tinha perdido o peso habitual do corpo, e levou-a para um quarto vizinho, sobre um divã onde já se encontravam os travesseiros e as cobertas necessárias. Enfim, Supramati cortou com a tesoura a camisola, levantou-a e mergulhou-a rapidamente na água quente da banheira, tendo, com a ajuda de uma grande fita, o cuidado de deixar de fora a cabeça da jovem.

Foi então que ele viu a ferida, tendo a forma de uma chaga sangrenta, larga e profunda. Tal ferimento, em condições comuns, teria sido mortal.

Supramati contemplou com encantamento o maravilhoso e admirável corpo jovem, de formas ideais, dignas do cinzel de um escultor.

A água tomou rapidamente uma bela cor azul, e dois minutos não se tinham passado quando um leve movimento se observou no rosto imóvel de Liliana; as sobrancelhas fremiram, a boca plissou, e um tremor nervoso percorreu seus membros. O ferimento tornou-se vermelho escuro, abriu-se, e uma golfada de sangue jorrou, negra como tinta.

A água ficou escura; um quarto de hora depois exalou um cheiro azedo, nauseabundo. Supramati esvaziou a banheira, encheu-a de novo e ali derramou o segundo terço do líquido mágico. Também um sangue vermelho correu, cuja quantidade devia, em condições normais, provocar a morte por esvaimento. Todavia nenhuma troca funesta teve lugar no estado da doente. Ao contrário, o príncipe notou uma respiração fraca e irregular, mas nitidamente perceptível.

Um novo quarto de hora se escoou. Supramati esvaziou a água vermelha e jogou na nova água o resto do frasco. Dessa vez a água permaneceu azul e transparente. A ferida tomou a forma de uma machucadura que se cicatriza.

Então o príncipe levou a doente para o divã, colocou sobre a chaga espessa camada de pomada e um pano desinfetado cobrindo; depois bandou o corpo com a destreza sábia de um médico. Enxugou-lhe com cuidado o corpo e o cabelo, enrolou-a bem, chegando bem junto dela as cobertas, a ponto de mais parecer uma múmia, incapaz de fazer um movimento.

Deitou-a em seu leito e a fê-la engolir, com uma colher, uma porção do líquido incolor que estava no frasco.

Um arrepio estremeceu todo o corpo da jovem mulher. Um grito terrível explodiu de seus lábios e ela abriu os olhos. E neles, tão aveludados, grandes e inquietos, refletiu-se um sofrimento tão amargo, brilhando silenciosa uma prece tão intensa, que o príncipe sentiu-se aterrorizado; nunca ele havia visto ou sabido de tal manifestação interior através do olhar.

A piedade tomou conta dele. Hebramar tinha razão – a desgraçada Liliana devia viver sofrimentos infernais. Mas o príncipe não teve tempo para palavra alguma, já as pálpebras da moça se fecharam. Liliana tornou-se inerte. Mas dessa vez sua imobilidade era decorrente de um sono profundo e reparador.

Ele baixou as cortinas da janela e, seguindo as instruções de Hebramar, derramou em uma bacia o conteúdo da ampola verde; na mesma hora um perfume muito agradável se expandiu no quarto. Mas qual não foi o espanto de Supramati quando viu um vapor verde saído da bacia se elevar em espiral e dirigir-se para o leito, penetrando o corpo de Liliana adormecida.

O príncipe olhou um instante esse fenômeno estranho, depois voltou ao salão. Todo o trabalho havia durado mais de três horas; ele estava faminto; tomou um banho, jantou e se deitou feliz.

Capítulo X

Na manhã seguinte, Supramati entrou nas câmaras secretas a fim de ver em que estado se encontrava Liliana.

A jovem parecia sempre inerte, mas sua respiração estava regular e seu rosto tinha tomado a cor natural. O príncipe gostaria de ver o estado da ferida, mas não ousou tocar na doente. Hebramar tinha proibido importuná-la sem motivo grave, antes que ela acordasse.

Um vapor esverdeado ainda subia da bacia, expandindo na peça um perfume quente e reanimador, mas que produzia sobre ele uma impressão irritante e desagradável.

No dia seguinte Liliana dormiu profundamente. Seu sono calmo revelava alguém saudável. Uma cor rosada animava-lhe as faces e ela havia trocado de posição na cama. O príncipe retirou cuidadosamente as bandagens que incomodavam os movimentos de Liliana e depois pensou na necessidade de vesti-la quando acordasse.

Liliana evidentemente habitava o castelo com Naraiana. Mas onde estava seu guarda-roupa? O príncipe, depois de poucas procuras, encontrou um armário e uma cômoda com gavetas cheias de roupas íntimas e peças femininas.

Supramati preparou todas as coisas indispensáveis sobre uma cadeira, perto do leito. Serviu a mesa: vinho, frutas e tortas, caso Liliana acordasse durante a noite e tivesse fome.

Ele voltou ao salão, estendeu-se sobre o divã e fumou um cachimbo. Estava feliz por se sentir livre, até o dia seguinte, do visconde, de seus amigos e de Pierrette. Mas rapidamente seu pensamento voltou a Liliana. Era necessário refletir sobre os meios de esconder sua presença e de evitar comentários que provocariam seu retorno inopinado. Decidiu enfim que ela deixaria o castelo pelo pequeno jardim; em seguida ele asseguraria seu futuro.

Deitou-se contente com a decisão tomada.

Quando se levantou no dia seguinte, bastante tarde, ouviu passos no quarto vizinho. Alguém se esforçava para abrir a porta secreta. Sem chamar seus servidores, Supramati vestiu-se às pressas e abriu a porta. O gabinete estava vazio, mas um sopro de ar fresco vinha da câmara de dormir, balançando o reposteiro.

Supramati olhou no quarto e percebeu Liliana de costas, perto da janela aberta. Notou que ela tinha vestido um penhoar rosa e que seus cabelos estavam artisticamente penteados. O príncipe olhou-a um momento, depois levantou o cortinado e entrou na câmara de dormir.

Ouvindo o ruído de seus passos, Liliana voltou-se com um movimento rápido; seus olhos brilharam com um sentimento de ódio tão intenso que Supramati recuou sem querer. Mas vendo um desconhecido, empalideceu e, indecisa, apoiou-se sobre o parapeito da janela. Essa hesitação durou um instante. Tremendo de emoção, Liliana deu uns passos e gritou com voz sofreada:

– Onde está ele? Ele, o magarefe que me torturou impiedosamente! Está escondido, temendo minha vingança? Oh! Mas é impossível – ajuntou a jovem fora de si, apertando sua cabeça entre as mãos. – Existe um suplício igual aos sofrimentos infernais que ele me fez viver?

– Acalme-se, Liliana! A senhora não reverá mais aquele que lhe fez tanto mal; ele foi julgado e o julgamento foi mais terrível que todas as vinganças humanas. Naraiana já morreu. Descobri seu crime por acaso, e o conhecimento que pude adquirir na Índia me permitiu restituir sua vida.

Tremendo ainda, Liliana escutou o príncipe em silêncio.

– Mas quem é o senhor? – balbuciou ela.

– Sou o irmão de Naraiana e tento reparar todo o mal que ele lhe causou.

Uma reação se operou visivelmente em Liliana. Seu ódio e sua sede de vingança fundiram em soluços convulsivos. Ela caiu de joelhos, agarrou a mão de Supramati e apertou contra seus lábios. Ele tirou depressa a mão, fez com que ela sentasse numa poltrona e deu-lhe de beber, a fim de acalmar a crise nervosa que sacudia o corpo da jovenzinha.

– Acalme-se, infeliz! Seus sofrimentos acabaram e vou assegurar seu futuro – disse Supramati.

Os olhos de Liliana encontraram os do príncipe, cheios de bondade e compreensão. Sua voz sonora e doce acalmou a pobre moça.

– Como você se parece pouco com seu irmão! Seu olhar não tem a chama apaixonada e cruel que havia nos olhos dele – disse ela enxugando as lágrimas. – Ah! Naraiana era um monstro! Só Deus sabe o quanto ele pôde me fazer sofrer!...

– Mais tarde, quando a senhora estiver mais calma e mais forte, pedirei para me contar tudo o que sentiu durante o sono letárgico. A questão me interessa muito.

– Contarei tudo com prazer, meu magnânimo salvador. Mas como morreu Naraiana?

– Um acidente nos Alpes. Mas chega de falar de coisas tristes! Agora tem de se fortificar. Vou trazer seu almoço já, depois abordaremos o problema essencial: onde a instalar.

Supramati desapareceu, depois veio com um repasto preparado previamente: leite, frutas, legumes, ovos, doces. Colocou tudo sobre a mesa, depois convidou alegremente a jovem mulher a comer.

Liliana seguia todos os seus gestos com uma curiosidade que ela não dissimulava. Agradeceu calorosamente, depois almoçou. Seu organismo esvaído tinha necessidade de alimento. Fez jus a todo o esforço de Supramati.

– Vai pensar que sou uma comilona – fez ela enrubescendo.

– Depois de um jejum assim tão longo, seu apetite poderia ser até maior. Em seu lugar eu teria podido engolir um boi inteiro, e boi gordo! – respondeu o príncipe rindo. – Agora que acabou, vamos ao salão.

Eles passaram ao apartamento de Supramati.

– Devo lhe dizer, miss Liliana, que desde o dia em que Naraiana a feriu, quase três anos se passaram...

Ela soltou um grito e empalideceu.

– Calma! Vai viver muito tempo e ganhar de novo o tempo perdido. Eu queria simplesmente lhe fazer compreender que depois de uma desaparição tão longa e misteriosa, a senhora não pode se mostrar em minha casa, sem provocar suspeitas e maledicências. Não pode ficar mais neste castelo cheio de lembranças terríveis. Vou alugar um apartamento na cidade. Esta tarde uma viatura estacionará lá em baixo, à porta do jardinzinho, e a senhora vai embora. Mais tarde, a senhora explicará, como queira, sua partida de Paris e sua volta... A menos que prefira evitar antigos amigos e viver na solidão. Diga-me, tem outras roupas além destas poucas que pude encontrar?

– Certamente. Há um quarto perto da escada... não reparou ainda? Dois armários e uma cômoda estão ali...

– Muito bem. Pegue os objetos mais necessários e saia lá pelas oito horas da noite... por enquanto, tchau!

O príncipe encontrou nos arrabaldes, numa casa de campo, um apartamento confortável e elegante que se compunha de cinco peças com pensão incluída; pagou adiantadamente por ele ao proprietário, um velho que morava com sua esposa no pavimento térreo. O apartamento de Liliana se achava no primeiro andar da casa, onde também havia um pequeno jardim.

À noite o príncipe alugou uma viatura; Liliana estava pronta, vestida com uma roupa elegante, roupa de cidade. O jovem homem viu que ela levava todas as suas compras em muitos grandes embrulhos, algumas caixas de papelão e um pesado saco de couro.

Ele estendeu a Liliana uma carteira recheada de notas de dinheiro.

– Aqui está, para suas primeiras necessidades. Amanhã ou depois irei visitá-la e decidiremos sua sorte. Mas, como se sente? E a ferida, ainda incomoda?

– Imagine que a dor passou! A chaga está completamente cicatrizada! Mas uma mancha cor de sangue me lembrará por longo tempo ainda o último benefício de Naraiana.

– Então vamos embora! Vou pegar suas caixas. Mas o que há nesse embrulho tão pesado?

– Todas as minhas coisas preciosas.

O príncipe deu o endereço ao chofer.

– Não esqueça que está proibida de comer carne, recomendou Supramati a Liliana.

Naquela mesma noite, antes de se deitar, o príncipe chamou o intendente e, indicando a porta secreta, ainda aberta, disse-lhe:

– O laboratório do príncipe finado devia ter sido lá. Faça o favor de limpar e consertar tudo o que esteja estragado. Minha câmara de dormir ficará atrás da biblioteca... aqui tudo será renovado. Escolherei eu mesmo os móveis e as tintas. Vou me casar logo e a princesa se instalará aqui.

Assim que Liliana chegou em sua casa contou o dinheiro que possuía e, satisfeita, examinou seu apartamento. Mas, logo após experimentou sua primeira decepção. Quis logo mudar os móveis, depois de os ter escolhido a seu gosto. Correu aos magazines, chamou os serralheiros, empregou uma camareira e comprou roupas novas. Em 24 horas o apartamento mudou de aspecto.

Naquele dia Liliana vestiu-se com elegância rebuscada. A carteira que havia recebido estava vazia, mas ela não se inquietou; lembrou a promessa de Supramati de assegurar ricamente seu futuro.

– Ele é bom, bonito, mil vezes superior a Naraiana –

murmurava ela, aproximando-se do espelho para ajustar o penteado, uma fita, uma dobra de sua roupa matinal.

Incapaz de dominar mais sua impaciência, ela abriu a janela e esperou a chegada do príncipe.

E o príncipe chegou.

Logo notou as mudanças feitas pela jovem no apartamento; ele franziu as sobrancelhas e perguntava-se como aquela criatura podia ainda se interessar por tais frivolidades, quando acabava de ser libertada de um suplício infernal, mais terrível que a morte. A lição cruel tinha deslizado por ela sem ter produzido qualquer efeito...

Atento a essa primeira impressão, o príncipe não fez reparo algum à beleza de Liliana, nem a seus enfeites; dirigiu-se a seu quarto com uma reserva fria. A empregada já havia posto a mesa para o chá.

Compreendeu imediatamente que Liliana se esforçava para o agradar. Assim, para pôr fim à coqueteria da jovem, perguntou-lhe:

– Tenho uma rogativa a fazer, miss Robertson.

– Oh! Estou às suas ordens, príncipe.

– É isto: já lhe falei de meus estudos médicos feitos na Índia. O estado no qual eu a encontrei me interessa imediatamente... Se isto não lhe for penoso, peço que me descreva suas sensações durante o longo sono letárgico. Quero anotar suas indicações preciosas e estudá-las junto a outras observações pessoais.

O príncipe tirou de seu bolso um livro de notas e um lápis.

– Tudo direi com prazer, respondeu Liliana vivamente. – E, caso queira, contarei brevemente a história de minha vida.

– Sim, estou curioso em saber o que provocou hostilidade entre Naraiana e a senhora... motivando até a tentativa de assassinato cometida pelo príncipe.

– Minha mãe era francesa, meu pai, inglês. A vida de ambos em casa foi um mau exemplo para mim, e muitas vezes fui testemunha de cenas odiosas e repugnantes. Tinha cinco anos quando minha mãe fugiu com um cantor italiano e me levou.

Foi minha mãe quem me ensinou a cantar e, graças a um velho amigo, pude debutar em um pequeno teatro. Mais tarde eu cantei operetas e fiz grande sucesso.

Minha mãe escolhia, ela mesma, meus amantes e só os mais ricos eram admitidos perto de mim.

Eu representava já havia dois anos, quando uma noite Naraiana, o nababo, como o chamava uma de minhas colegas, estava num camarote do teatro. Quando voltei ao camarim, encontrei um magnífico buquê e um escrínio contendo um enfeite de alto valor.

Eis um amante que deverá ser seu marido – notou minha mãe, examinando o presente. – Seja de conduta severa para que ele não a abandone de repente.

Achei bom o conselho e o segui. Naraiana apaixonou-se por mim loucamente e minha resistência exasperou-o. Sua adoração e seus presentes faziam--me gosto, mas ele mesmo não me era simpático. Havia algo em seus olhos que me dava medo.

Enfim, minha mãe foi quem me vendeu. Um dia ela me declarou que o príncipe queria casar comigo, mas sob a condição de ela deixar Paris... Naraiana deu uma gorda quantia à minha mãe, que partiu para a América. E desde então não mais ouvi falar dela.

Naraiana cumulou-me de ouro e muito depressa eu me habituei a considerar a riqueza uma felicidade superior a todas as outras. As primeiras semanas de nossa união foram de um encantamento sem mescla. Nunca tive tanto ouro, diamantes, flores, sucesso.

Naraiana era bonito e agradava-me; sentia-me objeto de inveja geral, mas havia na conduta do príncipe algo que me ofendia e repugnava.

Um dia em que ele estava particularmente alegre e terno, lembrei a promessa de me desposar, que havia feito à minha mãe. Ele deu uma gargalhada e, como era de seu hábito, respondeu grosseiramente, com aspereza:

– A velha bruxa mentiu, queridinha! Mulheres como você não são desposadas, a gente apenas faz sexo com elas, o que, de resto, vai melhor.

Calei-me, mas a cólera tomou meu coração, porque eu sonhava me tornar princesa. Essa surda divergência de opiniões começou a aumentar entre nós; além disso, o caráter de Naraiana mostrava-se cada vez mais desagradável. Ele vivia horas sombrio, não querendo ver ninguém. Era quando exigia que eu também me enclausurasse com ele.

Foi por essa época que um jovem italiano, Ulpiano

Roveri, começou a fazer-me a corte. Ele era sensível, delicado e dócil, ao passo que Naraiana se mostrava rigoroso, cruel, teimoso. Eu me apaixonei seriamente por essa pessoa maravilhosa e me tornei sua amante, sem pensar que essa aventura terminaria de maneira tão trágica.

Quando Naraiana soube que Roveri era meu amante, teve um acesso de ira demente. Exigiu que abandonasse Ulpiano para sempre. Eu me recusei. Ele ameaçou matar o italiano. Então declarei que romperia definitivamente com ele para seguir Roveri, e me consideraria livre dessa forma.

Louco de raiva, Naraiana pegou de sobre a mesa um punhal comprado por ele alguns dias antes; nem tive tempo de refletir a maneira de me defender. A lâmina tinha já penetrado profundamente sob meu seio. Soltei um grito e quis fugir, mas as forças me traíram e caí. Senti meu sangue correr em fluxo contínuo e depois desmaiei.

Uma dor terrível, impossível de contar, fez com que eu tornasse a mim. Parecia-me que um ferro quente trespassava minha carne; reabri os olhos. Branco, o olhar esgazeado, Naraiana derramava em meu ferimento um líquido. A dor que senti foi tão grande que todas as coisas escureceram ao meu derredor. Daí perdi a consciência; um frio glacial e um peso de chumbo enrijeceram meu corpo. Só minha ferida continuava a queimar como fogo.

Eu nada via, mas sentia, estava consciente de que Naraiana me arrastava pelo chão. Parecia ter perdido a razão, uivando injúrias, blasfemando; depois, bruscamente me cobria de beijos apaixonados; enfim, ele me estendeu numa substância líquida e um silêncio de morte reinou ao meu derredor...

Tinha a ideia de que ele viria me enterrar e, no meu medo pavoroso, queria gritar, pular dali, sacudir o peso que, como uma rocha, me esmagava. Mas eu estava completamente paralisada...

Liliana calou-se por um momento, relembrando o pânico experimentado. Respirava dificilmente e lágrimas corriam fluentemente de seus olhos. Dominou sua fraqueza e prosseguiu:

– É impossível contar tudo o que um ser humano pode sofrer. Tinha fome e sede; a noite e o silêncio que me rodeavam me amedrontavam... e minha ferida queimava sempre. Sentia-me mal até em pensar! E sempre incapaz de um movimento, de abrir os olhos, de descerrar os dentes!... Só o inferno e seus demônios poderiam inventar uma tortura assim...

Um dia... não posso determinar o tempo... escutei um ruído... alguém parecia quebrar a fechadura... depois a porta se abriu... escutei passos...

– Era eu. O acaso me conduziu àquela parte secreta da casa... Eu a vi no caixão de vidro, mas pensei que estivesse morta. Naraiana estava morto havia alguns meses, interrompeu Supramati.

– Tive por um momento a esperança de ser salva. Mas quando de novo o silêncio reinou, eu pensei que tinha ficado louca – continuou Liliana, enxugando com mão trêmula sua fronte molhada de suor. – Depois eu quis rezar. Com toda força do desespero, invoquei o Cristo, a Virgem Maria, suplicando-lhes ter piedade de mim, de me devolver à vida ou me fazer morrer...

Não sei se fui ouvida! Um sentimento de bem-estar relativo me inundou. O ruído de um vidro que se quebrava me arrancou desse torpor. Depois me senti carregada...

experimentei uma alegria extrema, e quando me colocou na banheira, perdi a consciência. Mas no leito minha consciência voltou completamente. A ferida não queimava mais, e vi com espanto que ela estava cicatrizada. Levantei-me, vesti-me, tomei um pouco de vinho; não podia comer, pois minha boca estava ainda endurecida, paralisada; não teria podido mastigar. Todas essas sensações passaram logo. Então eu quis sair, mas a porta estava fechada e eu ignorava onde se encontrava a mola secreta. Abri a janela e esperei. Pensava que seria Naraiana quem viria e gostaria de estrangulá-lo. Mas veio o senhor, ó meu salvador!... Meu benfeitor! Serei reconhecida enquanto viver!

Liliana pegou a mão de Supramati e, antes que ele pudesse impedir, beijou-a.

– Infeliz! Compreendo tudo quanto possa haver sofrido – disse o príncipe retirando a mão rapidamente: – Mas não exagere meus méritos e não maldiga Naraiana! Ele sofreu muito também, e tem mais: foi julgado por tribunal terrível que, por ser divino, não deixa crime algum impune. Então deixemos o passado, miss Liliana, e falemos de futuro.

– Que pensa fazer? Não pretendo lhe propor qualquer trabalho para ganhar a vida... Não... quero garantir suficientemente seu futuro, de forma a que seja completamente independente; mas um ser humano não pode viver sem uma ocupação útil, sem objetivo definido. Ora, não deve desprezar o trabalho... trabalho é nosso meio de perfeição, ou melhora do destino dos que nos estejam próximos...

Enquanto o príncipe falava, um vivo rubor coloria o rosto dela.

– Mas o que posso fazer? – disse ela, agastada. Não sei fazer nada... nem mesmo sei escrever ou ler bem... minha mãe me dizia sempre que as mulheres que têm beleza não trabalham, vivem do amor.

– A senhorita é jovem, linda... Achará facilmente um homem jovem e honesto para seu marido...

Liliana escutava de olhos baixos. Ela sentia que Supramati a fazia delicadamente compreender que ele não a desejava como amante. Ele a tinha salvo, garantir-lhe-ia uma situação independente, mas lhe indicava ao mesmo tempo uma existência honesta. Logo de início ela lutou contra todos os sentimentos contraditórios que a agitavam, depois, bruscamente baixou a cabeça e explodiu em soluços.

Ele a olhou com piedade. Sabia que ela lhe agradava, mas não podia amá-la; seu coração estava cheio de Nurvadi, criatura doce e amorosa, mãe de seu filho. Ele apenas desejava salvar Liliana.

– Até logo, miss Liliana! – disse se levantando.

– Vou tentar viver como deseja – balbuciou ela com voz abafada.

Supramati apertou a pequena mão trêmula.

– Agradeço. A senhorita não poderia me fazer mais feliz...

Capítulo XI

Duas semanas se escoaram. O príncipe, assim que chegou a Paris, escreveu a Nara, sua esposa, e o silêncio encheu seu coração de inquietude e agastamento. Seu humor mudou. Sua impaciência logo atingiu o auge e então decidiu partir para Veneza em três dias, a fim de verificar a causa verdadeira do silêncio de Nara.

Naquela mesma noite, quando ia se deitar, anunciaram-lhe que um homem havia chegado trazendo uma carta.

O príncipe abriu o envelope com emoção compreensível. Eis o que Nara lhe escreveu:

Eu não me apresso em lhe responder; presumo,

não sem motivo, que não esteja morrendo de impaciência por me ver.

Não o proíbo de vir; venha se deseja. Somente, em nome de Deus, não ofereça nenhum sacrifício no altar do dever. Se a sociedade de Paris lhe agrada, fique. Não vou ficar melindrada por isso. Estou acostumada a considerar todas as coisas com indulgência sob esse ponto de vista – meu casamento com Naraiana foi excelente escola.

Mando esta carta por um correio fiel e lhe rogo me transmitir a resposta por seu intermédio.

Eu sei que é um anacronismo. Mas seguindo um antigo costume, uso este meio de correspondência, achando-o mais cômodo e seguro que o correio comum.

Até que nos vejamos! Depende de você nosso reencontro ser próximo.

Nara

Essa carta fez nascer em Supramati sentimentos os mais diferentes. Decidiu partir no dia seguinte mesmo, no trem da manhã.

Em sua chegada a Veneza somente o intendente acolheu-o na escadaria exterior do palácio; declarou ao príncipe que Nara passara a noite em casa de amigos e acompanhou-o a seus apartamentos.

Quando se encontrou só, as lembranças do passado assaltaram em multidão o príncipe. Lembrou-se da noite de sua chegada ali e da indecisão manifestada para cumprir seu papel de príncipe imortal. O hábito tinha o transformado. Agora ele se sentia príncipe milionário.

O passado modesto e pobre tinha cessado de ser para ele uma realidade. O futuro eterno desdobrava-se diante dele enchendo seu coração de um raro sentimento duplo: aquela longa vida parecia-lhe um dom precioso, mas o assustava como uma ameaça desconhecida. Ele tinha medo daquilo que precisava saber, aprofundar, vencer, não mais ser o médico insignificante, com horizontes estreitos, e sim se tornar o ocultista, o mago.

Supramati tomou da escrivaninha a fotografia de Nara e abismou-se na contemplação da jovenzinha cujos grandes olhos miravam-no como se estivessem vivos.

Reviveu o encantamento experimentado diante da presença de Nara. As aventuras dos dois últimos anos, todas as dúvidas e o horror desvaneceram-se diante do sentimento fiel e consciente de que ele era imortal e marido daquela criatura misteriosa e encantadora.

No dia seguinte, Supramati acordou muito tarde. O valete Gracioso veio lhe dizer que Nara o esperava para o café.

Nunca, desde os tempos em que se sabia atrasado para entrar em serviço no hospital, Supramati se vestiu com mais pressa. Gracioso conduziu-o aos apartamentos de Nara os quais ele ainda não conhecia.

O servidor levantou enfim um pesado reposteiro de veludo azul e afastou-se discretamente. Supramati entrou no boudoir de Nara. Era uma peça grande, estilo Renascença. No meio do quarto, sobre uma mesa com pés esculpidos, estava posto o café para dois. Perto da grande janela aberta que dava para o canal, Nara estava sentada sobre um pequeno divã.

A princesa estava vestida com uma roupa matinal em cambraia de linho. Olhava pensativa o canal onde deslizavam gôndolas e voltou-se quando o príncipe entrou. Seus grandes olhos brilhantes fixaram-no com uma expressão maliciosa. Ele ficou vermelho na mesma hora. E sem reparar na mão que se estendia para ele, Supramati sentou-se perto de Nara, puxou-a para si e beijou-a na boca.

Ela a nada resistiu, mas não retribuiu o beijo. Endireitou-se, desfazendo-se do abraço, e falou em tom zombeteiro:

– Vejo, caro doutor, que passou por uma boa escola; a prática não faltou e aprendeu a agir habilmente com as mulheres.

Nara levantou-se e dirigiu-se à mesa. Tomou uma xícara e estendeu-a ao príncipe.

Ele recusou; pôs-se perto dela e beijou-lhe a mão.

– Você é uma criatura enigmática – disse ele. – Quer me contar o seu passado ou devo primeiro ganhar sua confiança?

Ela refletiu um momento.

– Contarei minha história no dia do nosso casamento, do mesmo modo que você me dará detalhes da morte de Naraiana. Isso será para você uma terrível lição.

– E quando será esse dia feliz? – perguntou o príncipe, olhando-a de forma suplicante.

– Em verdade eu deveria tomar minha desforra e retardar a cerimônia, pois não manifestou nenhuma pressa em me rever e em celebrar esse dia feliz, – respondeu ela zombando.

Notando a confusão e a tristeza de Supramati, ela ajuntou:

– Felizmente, eu não guardo rancor. Temos honrado a memória de Naraiana e podemos pensar em nosso futuro. Creio então possível fixar o dia de nosso casamento. Terá lugar em duas semanas. De acordo?

– Oh! Certamente! – respondeu Supramati, encantado.

– E agora eu o verei no jantar! Tenho muito o que fazer – disse Nara, estendendo-lhe a mão.

Capítulo XII

Duas semanas escoaram-se como num sonho e o dia do casamento enfim chegou.

Supramati tornava-se dia a dia mais apaixonado. A inteligência e a beleza de Nara conquistavam-no e embriagavam-no; sem sequer duvidar disso, a cada instante ele se sujeitava mais à influência dela.

Durante a cerimônia Nara parecia uma visão celeste com seu longo véu e sua guirlanda de flores desconhecidas, semelhantes ao lírio, porém menores e com cálice fosforescente. Seu rosto ficou grave e compenetrado, fazendo Supramati crer que ela orava com fervor.

A tarde escoou-se alegremente. Às dez horas os convidados se retiraram e os jovens nubentes foram a seus respectivos apartamentos para mudar de roupa. Uma hora mais tarde, Supramati entrou no quarto de dormir comum aos dois, mobiliado com luxo realengo.

Era uma peça bem grande, forrada de cetim branco. Quando Supramati entrou, Nara estava ainda sentada diante do toucador, todo enfeitado de rendas. Ela vestia um penhoar em tecido hindu, com mangas largas, abertas; a dama-de-quarto acabava de penteá-la e sua opulenta cabeleira, como um feixe de raios de lua, caía como uma massa sedosa até o tapete.

Quando seu marido se aproximou, Nara levantou-se, pediu à criada que saísse e, sentando-se no divã, estendeu sua mão ao príncipe. Supramati ajoelhou-se e beijou apaixonadamente sua jovem esposa.

Ela também o beijou, depois pediu com expressão gracejadora:

– Agora que estamos casados uma segunda vez, você não gostaria que eu lhe contasse a história de minha vida?... Ela o interessa tanto...

– Primeiramente eu não quero mais ouvir de seus

lábios esse tom cerimonioso com que me trata. Em seguida, para ser sincero, por maior interesse que eu tenha em seu passado, prefiro o presente... prefiro a hora do amor à hora da revelação – respondeu o príncipe com paixão.

– Isso é bem masculino... eternamente seu egoísmo natural... a satisfação de seu eu toma sempre o primeiro lugar – respondeu Nara, enrubescendo ligeiramente, o que deu um encanto todo especial em seu rosto pálido e transparente.

Supramati quis responder, mas subitamente ele empalideceu e todo o seu corpo tremeu; pareceu-lhe ver no drapeado da cortina se desenhar a cabeça e os olhos negros de Naraiana, fixando-o com uma crueldade infernal.

– Acalme-se, Supramati! O fato de ver Naraiana não deve lhe fazer medo – declarou a jovem mulher, atraindo seu marido para perto de si.

Depois ela se levantou e fez um gesto de evocação. Logo, diante do olhar espantado de Supramati, desenhou-se um sinal semelhante a um raio de luz.

– Olhe! Eis o sinal da Magia Branca que serve

de insuperável barreira a todo espírito impuro. Para o poder invocar é preciso ter subido ao menos ao primeiro degrau da iniciação superior – disse Nara, sentando-se de novo perto do marido. – Um feiticeiro pode apenas formar o pentagrama... o mago leva-o sobre seu peito como símbolo de seu poder absoluto sobre a Magia Negra, vencida pela cruz.

– Você está dizendo que esse signo serve de barreira aos espíritos impuros e que Naraiana é então um espírito impuro? E como sabe que ele me apareceu? – balbuciou Supramati, passando a mão pela testa suarenta.

– Senti a presença. Naraiana foi um criminoso. Do ponto de vista científico ele era feiticeiro de pouco valor, mas muito útil para espíritos elementais que ele dominava, pois tinha a essência preciosa que permitia infundir-lhes a força vital, sem que eles encarnassem em um corpo. Se eu lhe contasse todas as fantasias criminosas que Naraiana inventava, você creria estar ouvindo um conto das mil e uma noites. Assim, há uns cem anos, em Nápoles, vivia uma célebre cantora que Naraiana muito apreciava ouvir cantar; não sei de que essa mulher morreu, mas penso que foi o amor de

Naraiana que deu fim a ela. O príncipe não julgava de outro modo... Ele podia fazer amor com ela e esconder seu corpo num caixão que levava sempre com ele. E, quando queria, jogava num tripé aceso uma mistura de aromas e de essências primitivas, dando uma espécie de vida à infeliz criatura e a obrigava a cantar para diverti-lo.

Um dia Naraiana estava ausente. Entrei por acaso numa peça secreta, ainda saturada daqueles terríveis perfumes. A desgraçada moça debatia-se em horríveis sofrimentos, meio espírito, meio gente viva, em que uma força infernal a ligava ainda ao corpo em decomposição.

– Eu não posso nem viver, nem me livrar deste corpo pavoroso! – gemia a moça em sofrimento inenarrável, enchendo-me de piedade.

Imediatamente me ocupei em livrá-la. Em primeiro lugar, abri as janelas para retirar todo o odor das ervas e dos perfumes. E quando, ao contato com o ar puro, o cadáver tomou sua imobilidade total, eu o destruí, graças ao fogo elétrico do qual sei me servir. Depositei as cinzas em uma capela e no lugar mesmo onde eu encontrei o corpo, desenhei uma cruz astral, para impedir a Naraiana de perseguir ainda o espírito da coitadinha.

Essa ação me valeu uma cena conjugal tempestuosíssima, mas já estava tudo consumado...

Não sei – Supramati – se bem compreendeu o que lhe contei. É muito difícil falar de todas essas leis estranhas e das virtudes dessa essência primitiva, mas, começando a iniciação, Dakhir explicar-lhe-á as coisas gradualmente.

– Sim, Nara, compreendo... Li muitos livros sobre fenômenos ocultos e sei como agem as larvas, os vampiros e as aparições e não ignoro que existem mistérios estranhos e terríveis do outro lado... Mas é um segredo que não consegui penetrar – ajuntou o príncipe, depois de um instante de reflexão. – Naraiana me escolheu, a mim, médico desconhecido e pobre, para o suceder nesta obra que me dá medo. Por quê?

Um sorriso enigmático perpassou nos lábios de Nara.

– Os motivos dessa escolha são até numerosos. Naraiana queria que seu sucessor fosse honesto e aspirasse ao conhecimento oculto. Além disso, o homem deveria ser doente, pois seu sangue poderia ser assim condutor da morte. Você correspondia a essas condições. Então, pela clarividência, graças ao Elixir da Vida, Naraiana, desde que o conheceu, viu brilhar sobre sua testa, sob a forma de uma flecha de fogo, a luz astral.

– Sabia você que ele queria morrer? – perguntou Supramati.

– Eu sabia que ele devia morrer! A hora que ele escolhesse para morrer não importava. Ele, um iniciado, agradava-se da companhia de almas venais. Tinha até esmurrado sua amante e matado seu rival por meio de charuto envenenado.

– Você diz que o Elixir da Vida traz clarividência. Por que esse dom não evoluiu em mim?

– Porque você não desenvolveu todas as faculdades latentes em si mesmo... Mas agora você está com medo, pálido e angustiado, meu querido! Deixemos então para outro momento todo esse mundo oculto e nos tornemos simples mortais, cheios de amor um pelo outro e sedentos de felicidade... como todas as criaturas terrestres que nos cercam – ajuntou Nara, olhando seu marido com ternura e pousando a cabeça em seu ombro.

Inundado de felicidade, Supramati esqueceu instantaneamente suas dúvidas, seus temores e os mil problemas que o atormentavam. Ele não via mais que os olhos veludosos de Nara olhando-o com amor e seus lábios rubros sorridentes. Supramati estreitou-a apaixonadamente e murmurou:

– Eu a amo, Nara, e juro amá-la eternamente, só a você, e tê-la como guia no caminho longo da vida que devo percorrer...

Os dias passaram como em um sonho encantador. Nara era tão afetuosa e sensível que Supramati a adorava, venerando-a cada dia mais. E as horas que passasse longe dela pareciam roubar sua felicidade.

Quanto à Nara, parecia feliz. O êxtase amoroso de seu jovem marido a divertia, quando ele lhe dizia, beijando-a:

– Esqueça o passado, Nara, esqueça seu saber! Não me fale de mistérios, nem de iniciação. Quero só amar você e falar de amor.

Todavia, a impressão produzida sobre ele pela conversa com Nara na noite do casamento, e pela aparição de Naraiana, tinha-o emocionado demais para que ele pudesse esquecer. E mais de uma vez ele questionava sua esposa a respeito de outros acontecimentos que considerava inexplicáveis.

Um dia, falando de sua visita à geleira suíça onde se haviam conhecido, ele se lembrou de Agni. E perguntou a ela quem era aquele estranho servidor.

– Um espírito elemental, materializado por um dos seus predecessores, um Naraiana Supramati também – respondeu Nara. – Eu devo lhe dizer que toda a série de seres que traziam esse nome se compôs de pândegos completos; e, no entanto, todos foram administradores e financistas notáveis, unicamente ansiosos de tornar inesgotáveis seus tesouros que adoravam esbanjar.

Um dos primeiros Naraiana manifestou um espírito particularmente inventivo a esse respeito. Feiticeiro muito poderoso, ele se valia dos elementais para esvaziar e reencher os poços que você viu. Com esse objetivo ele procurava os tesouros escondidos sob a terra para ter posse deles.

Talvez você saiba que todo lugar onde se encontra semelhante tesouro é protegido por guardas, espíritos ávidos que o vigiam e defendem com zelo extremado.

Agni era um espírito que velava também por uma mina de ouro muito rica. Arrastado por sua cupidez, ele matou um dia seu senhor, o possuidor do ouro e das pedras preciosas que ele dissimulou, enterrando mais profundamente no solo. Mas seu crime condenou-o a ficar nos lugares onde se achava o tesouro fatal.

Quando o Naraiana do qual eu falo quis se apoderar dessas riquezas, e transportá-las para sua geleira, Agni resguardou seu bem com tanta energia e força, que Naraiana teve de usar de todo seu poder para vencê-lo. Portanto, Agni acompanhou seu ouro e se instalou nas geleiras. E Naraiana julgou útil tê-lo perto de si, como guardião e servidor devotado e fiel.

Com esse propósito, ele fez queimar sob o gelo perfumes mesclados à essência – eu já lhe falei a esse propósito da cantora de Nápoles. Sob a ação das correntes vitalizantes, Agni tornou-se visível e encarnado, a ponto de poder fruir uma parte dos privilégios dos encarnados. Em uma palavra, ele se tornou um ser duplo: nem homem completo, nem um espírito livre. Assim ele habita a geleira, guardando, por cupidez, o ouro cuja visão apenas já o faz feliz...

Todas essas narrações de Nara que revelavam ao príncipe os enigmas da ciência comoviam-no fortemente e inquietavam-no. A figura de Naraiana começava a tomar medidas fantásticas e terríficas. E sempre que Supramati ficava sozinho, a lembrança daquele homem perseguia-o com uma obstinação doentia.

Uma tarde em que Nara recebia uma senhora que a viera visitar, Supramati retirou-se para sua biblioteca. Abriu uma gaveta cheia de cartas e contas diversas, misturadas a manuscritos antigos e preciosos e encontrou entre os papéis um grande medalhão de marfim, com um retrato de Naraiana. O príncipe pôs-se a observar, com curiosidade e interesse, aquele rosto de clássica beleza. Um reflexo demoníaco escapava dos olhos negros como a noite e aquela chama nociva correspondia inteiramente à imagem perigosa de Naraiana que se formava pouco a pouco no espírito do príncipe. Que abusos havia cometido? Quantos sofrimentos não causara!?

Bruscamente Supramati sentiu uma sensação estranha: lufadas de ar morno pareciam emanar de seu corpo todo. Seu hálito queimava como fogo e um vapor avermelhado subia de suas mãos.

Nesse momento uma barulhenta gargalhada arrancou-o definitivamente de suas meditações. Um calafrio glacial percorreu seus membros. Ele empalideceu, endireitou-se e olhou medroso ao derredor.

Uma sombra agitava-se perto da biblioteca; alargava-se, espessava-se, movia-se como se fosse um turbilhão de fumaça. Depois precisaram-se seus contornos e os olhos de Supramati reviraram-se com um terror compreensível diante da alta figura de Naraiana que se mostrou a alguns passos dele, como se estivesse vivo.

Ele estava mais alto e mais magro que antes; somente seus olhos brilhavam, como dois carvões ardentes, animando seu rosto mortalmente pálido. E ele fixava sobre Supramati um olhar horrível.

– Dê-me sua mão, Morgan! Dê-me um pouco de calor! Morro de frio! – pronunciava ele nitidamente, encaminhando-se para mais perto ainda e estendendo sua mão branca de unhas azuladas.

Apesar do medo provocado nele por aquele espectro esquisito, real, vivo, Supramati já levantava a mão. Sua vontade estava paralisada por aquele olhar que o atravessava, dominava-o e o aniquilava.

A mão de Supramati ia tocar a do fantasma quando Nara entrou no quarto.

A esposa de Supramati trazia um bastão nodoso. Rapidamente ela se colocou entre seu marido e Naraiana. O espectro cambaleou logo e recuou, e de seus lábios saiu um assobio semelhante ao da serpente. Uma chama esverdeada brilhou em seus olhos arregalados e seu rosto se convulsionou repugnante.

– Não o contamine com seu toque – disse Nara com rigor. – Você sofre o que merece.

O fantasma esvaneceu-se, desaparecendo pela chaminé, deixando na sala um bafio sufocante de cadáver.

– Senhor! Mas ele vive! – gritou Supramati, que olhava petrificado a cena rara.

Nara sacudiu negativamente a cabeça.

– Não. Ele não é mais que um vampiro que se alimenta de sangue alheio, e que tem fome e frio. Vamos sair depressa. É preciso abrir as janelas e purificar o ar.

Supramati teve uma vertigem e uma pesada opressão lhe vergava o corpo todo. Agoniado e descorado, encostou-se à parede.

– Não tenha medo! – disse Nara, colocando sua mão perfumada na fronte molhada de suor de seu marido. Ele não pode lhe fazer mal... Sinto de longe sua aproximação e possuo o poder de dominar seus furores. Vamos passear ao luar a fim de dissipar essa impressão penosa.

Durante alguns dias a lembrança do rosto convulsionado de Naraiana atormentou Supramati, tanta foi a emoção causada pela cena tão violenta. Parecia a ele ver a sombra maldosa em toda parte.

Nara gracejava docemente, e era compreensiva para com o nervosismo de seu marido, esforçando-se por diverti-lo por todos os meios. Saíam então mais frequentemente e, quando ficavam sozinhos, Nara contava-lhe os mais curiosos acontecimentos que tinha vivido através dos séculos. O príncipe esquecia sua aflição e escutava com enlevo. Nara recusava-se sempre a contar a história de sua vida, o que ele esperava com certa ansiedade.

Desde sua última aparição, Naraiana, o vampiro, vinha todos os dias para se alimentar de sangue humano.

– Você pensa alimentá-lo sempre? – perguntou um dia o príncipe à sua mulher, quando a lembrança da horrível visão o atormentava mais que de hábito.

– Naturalmente, cada dia eu o sirvo no quartinho contíguo à biblioteca – respondeu Nara. Venha comigo esta noite e o verá matar a fome.

O príncipe empalideceu. Ia recusando, quando Nara lhe disse num tom de reprovação:

– Você não tem vergonha, Supramati, de deixar que seus nervos o dominem a esse ponto?

Ele não ousou confessar o pânico que o dominava.

– Seja! Eu vou com você – disse numa voz indecisa.

– Você pode vir até ousadamente. Em minha presença Naraiana perde poder. Aliás, não vamos entrar no quartinho, ficamos olhando pela janela que dá sobre a galeria.

Esse quartinho formava o canto do palácio e era de mediana dimensão. Uma das janelas abria sobre o canal, a outra, oposta, sobre a galeria onde continuava a parede.

Um pouco antes da meia-noite, Nara foi procurar

seu marido. Atravessaram silenciosamente a galeria e pararam diante da janela, ou melhor, diante do vão da parede. Então se viu distintamente todo o quarto, no meio do qual se achava uma mesa com a alimentação destinada ao espectro.

Os raios argentinos da lua aclaravam a travessa e o prato de cristal onde Nara havia posto o pão e a carne crua.

Sentindo um tremor nervoso agitando o corpo de Supramati, Nara apertou fortemente sua mão.

Um suor frio perolava a fronte de Supramati; um desgosto e um medo invencível invadiam todo o seu espírito. Ele apertou nervosamente a mãozinha de Nara. Todavia lutou consigo mesmo para superar a fraqueza e obrigou-se a olhar a mesa onde deveria aparecer o vampiro.

Foi súbito. Uma sombra negra mostrou-se na abertura da janela e velou os raios da lua. No mesmo instante o relógio da palácio bateu 12 badaladas.

Sem ruído, com a agilidade de um gato, o fantasma saltou sobre o chão e aproximou-se da mesa.

Tremendo de medo, o príncipe olhava a alta figura de Naraiana vestido de cinza-escuro, com uma roupa esquisita. Seu rosto branco parecia ainda mais branco sob os raios lunares; os olhos em suas órbitas profundas pareciam dois carvões queimando. Uma luz fugidia vermelha fosforescente brilhava em sua cabeça, permitindo ver dois pequenos chifres varando a espessa cabeleira negra do fantasma.

O espectro lançou-se sobre a comida com ímpeto, ávido para comer. Mas devia ter sentido nesse momento que era observado; levantou a cabeça e fixou seu olhar infernal nos dois espectadores. Um sorriso pavoroso crispou seus lábios brancos.

Um segundo se passou nessa troca de olhares, o que pareceu uma eternidade para Supramati. O fantasma fez um movimento como se fosse se precipitar sobre Nara e seu marido, mas logo apareceu um sinal resplandecente, branco como neve, fechando o caminho ao fantasma.

Naraiana recuou. Parecia lhe faltar o ar; um assobio estranho saía de seus lábios, sua boca se abriu e deixou à mostra seus dentes brancos e agudos como os de um lobo.

O sinal mágico avançou, puxando o espectro até a janela; o fantasma retirou-se, todo curvado, quase rastejando. Com a mesma agilidade felina subitamente ele saltou sobre o parapeito da janela e desapareceu.

Supramati sentiu-se desmaiar, a terra lhe fugindo sob os pés; depois sentiu que caía num abismo e perdeu a consciência.

Quando reabriu os olhos, viu-se estendido no chão, na galeria. Nara estava ajoelhada perto dele, sustentando sua cabeça e fazendo-o aspirar um lenço agradavelmente perfumado.

O príncipe levantou-se depressa e balbuciou, enrubescendo de vergonha.

– Nara, perdoe-me esta fraqueza indigna! Verdadeiramente não sei o que me aconteceu.

– Não tem do que se desculpar – respondeu Nara sorrindo com doçura. – Muitas vezes é difícil ser senhor dos próprios nervos. Mas aprenderá com o tempo. É uma ciência que se aprende como todas as outras. Agora nós também vamos jantar e depois vá se deitar, pois tem necessidade de repouso.

Apesar de todas as explicações e precauções de Nara, tentando com sua alegria suavizar as apreensões do marido, Supramati permanecia taciturno e desassossegado. À noite não podia dormir, não cessando de meditar sobre o que havia visto naquela noite. Não podia se perdoar por ter desmaiado sob o medo experimentado, enquanto Nara, uma mulher, ficava calma e triunfante, graças ao seu conhecimento e à sua vontade educada.

Quis aprender a se dominar, a fim de não ter mais que se envergonhar diante de sua esposa por seu nervosismo. Assim, no dia seguinte quis assistir ao repasto de Naraiana.

Mas o vampiro nunca mais apareceu.

Capítulo XIII

Um dia, depois do jantar, os dois descansavam num pequeno salão de Nara. Uma chuva caía forte e contínua; estava úmido e frio. Um bom fogaréu queimava na grande lareira de mármore, expandindo calor gostoso na sala, numa atmosfera íntima e agradável.

O príncipe e Nara, sentados no divã, olhavam pensativos as chamas que crepitavam. Foi quando Supramati declarou:

– Esta noite parece feita para uma conversa reveladora. Você sabe tudo sobre minha vida... eu sempre fico esperando que me conte tudo sobre a sua, conforme já prometeu.

Nara deixou-se cair sobre o divã e fechou os olhos. Um longo silêncio se estabeleceu e o príncipe respeitou-o; enfim, Nara ergueu-se.

– Está bem! Vou revelar tudo o que concerne à minha existência muitas vezes secular... Meus primeiros anos se perdem na noite dos tempos. Espero que não fique temeroso de ter uma mulher assim tão velha...

Supramati deu um sorriso nervoso.

– Oh, não! Todos os jovens poderiam invejar uma velhice como a sua. Por enquanto me parece ser penoso a você evocar o passado e se for assim, não me conte nada. O presente me concedeu tanta felicidade, que nada mais exijo.

– Tem razão! Devo falar de lembranças dolorosas e terríveis. Mas que importa? Desejo que conheça minha vida. Esses acontecimentos tão longínquos não deveriam produzir em mim nenhuma impressão. E, no entanto, por uma estranha virtude da alma humana, tudo o que ela viveu, sentiu, sofreu, torna com a evocação do passado; os séculos desaparecem e nós revivemos os sentimentos esquecidos.

Nasci em Roma, no ano 202 a.C. A Segunda

Guerra Púnica tinha terminado. Mas, apesar da vitória da República, o país estava exaurido e muitas famílias tinham sofrido cruelmente.

Meu irmão, Caius Mareus Licínius, comandava uma legião. Gravemente ferido em uma batalha, teve de abandonar definitivamente o exército. Ele se instalou em Roma, em uma casa modesta, perto do Fórum. Nessa época de costumes severos, de coragem cívica e de patriotismo ardente, Roma não era ainda a cidade dos palácios, do luxo insensato, das riquezas colossais que seria mais tarde. Seus cidadãos eram fiéis à simplicidade austera do mesmo modo que no século dos Césares eles viveram o orgulho de seus costumes efeminados e luxuosos.

Se bem que meu irmão fosse rico, levava uma existência muito modesta. Ele era um rude soldado cujas infelicidades familiares tinham tornado triste e misantropo. Sua primeira esposa, Fábia, deu-lhe cinco filhos, dos quais quatro morreram pequenos. Caius tornou-se o ídolo de meu pai.

Três anos se passaram; meu pai amava uma jovem patrícia, loira como eu, e desposou-a. Meu nascimento custou a vida de minha mãe. E creio que, apesar de me amar, meu pai nunca cessou de ter raiva de mim pela morte da mulher que ele adorava.

Cresci sob a guarda de uma velha escrava grega, Eurakléa. Essa mulher de coração de ouro me estragava com muitos mimos; ela me ensinou sua língua; e o conhecimento dessa língua me devia ser fatal.

Eu tinha seis anos quando um acontecimento teve lugar, decidindo meu destino. Meu irmão Caius ficou doente; temia-se por sua vida. Meu pai, louco de desespero diante da ameaça de perder seu filho único de 17 anos, sobretudo na véspera do dia em que deveria vestir a toga da 'idade viril', cuidava ele mesmo do paciente. E eis que um dia, adormecido à cabeceira de Caius, teve um sonho que influiu em meu destino.

Ele se viu no tempo de Vesta. Uma vestal estava perto do altar dos sacrifícios – era eu. E enquanto eu atiçava o fogo, a deusa, ela mesma, apareceu:

– Tu me dá tua filha para que me sirva aqui e em troca dou a vida de teu filho – pronunciou a deusa.

Ela pousou a mão sobre minha cabeça e desapareceu. Então meu pai percebeu nos degraus do altar uma vestal menina; eu estava perto dele, uma menina de seis anos! Meu pai considerou esse sonho uma ordem dos imortais. Ele tinha visto, ainda na véspera, o grande sacrificador escolher uma noviça. Sem hesitar, foi à casa do Grande Sacerdote e lhe declarou que me consagraria ao serviço da deusa Vesta, trazendo meu rico dote ao templo.

Tudo aconteceu segundo seu desejo. Algumas horas mais tarde a coroa verde das vestais cingia minha fronte e no Atrium-Regium cortaram meus cachos louros com tesouras... Lembro-me nitidamente dessa cerimônia, se bem que não supusesse então o quanto ela era grave. Somente a separação de Eurakléa e de meu pai me entristecia.

Como para confirmar a verdade do sonho de meu pai, Caius sarou.

Eu morava no templo e meu noviciado de dez anos decorreu calmo. Jovenzinha, minha beleza se tornou notória. Os homens, as mulheres e as crianças paravam para me olhar; quando precedida dos Lictores, eu passeava em Roma carregada em liteira aberta. Encontrar a vestal Licínia trazia felicidade. E entre os jovens cidadãos e oficiais que se afastavam respeitosamente para me dar passagem, mais de um fixou sobre mim seu olhar entusiasmado de paixão.

Eu me quedava fria e indiferente com respeito a todos. Conhecia agora a responsabilidade terrível que me impunha o estado de vestal; era hábito a vida severa, toda para a alegria de servir à deusa. Gostava de contemplar o fogo sagrado durante as longas noites silenciosas. E já naquela época muitas vezes acreditei perceber sombras diversas deslizando sob a abóboda do templo.

Via frequentemente meu pai. Eu sentia, sem que ele traísse seus pensamentos secretos, o quanto se arrependia de ter sacrificado minha vida. Esse sacrifício, aliás, não tinha dado os resultados que ele esperava; certamente meu irmão vivia, mas sua saúde delicada lhe proibia serviço militar e seu casamento havia ficado estéril depois de muitos anos.

No átrio da casa das vestais encontravam-se estátuas das virgens que se haviam distinguido por suas virtudes e beleza. Meu pai queria que minha imagem também pertencesse àquela coleção. Com autorização do Grande Sacerdote, ele convidou para esse trabalho um escultor grego que se achava em Roma e gozava de grande reputação. Uma das câmaras de nossa casa transformou-se momentaneamente em ateliê; o artista, que se chamava Creon, deveria cada dia ir ali trabalhar algumas horas em minha estátua. Certa manhã meu pai chegou com o escultor; era um homem bonito de uns 30 anos.

Desde que me viu, Creon parou um instante como tomado de estupor. A expressão de encantamento profundo que brilhou em seus olhos foi tão intensa que eu enrubesci e baixei os olhos. Devo dizer que desde o primeiro olhar, Creon produziu em mim uma impressão que nunca antes havia experimentado.

Depressa ele se recompôs e se pôs a trabalhar com indiferença simulada. Enquanto trabalhava a argila, e Kvarta, uma velha vestal que devia sempre assistir às sessões, ocupava-se em tecer as guirlandas para ornar o altar da deusa, eu examinei Creon e comparei-o aos outros jovens romanos que conhecia. Todas as vantagens ficaram para ele. Os antigos romanos geralmente não se distinguiam pela beleza; eram de talhe mediano e constituição robusta; seus rostos mais característicos eram angulosos e uma cabeleireira crespa cobria a cabeça.

Aquele grego, ao contrário, era alto, elegante e flexível como uma trepadeira. As ondas de seus cabelos espessos, de um negro azulado, enquadravam seu rosto branco e fino, do tipo grego puro; seus olhos azul-cinzentos exprimiam inteligência e sensibilidade do coração. Quanto mais o olhava, mais ele me agradava.

Um dia tive a ideia de lhe dizer que conhecia grego. Ele ficou encantado e falamos nessa língua algumas palavras, muito pouco na verdade, já que Kvarta não gostava de nos ouvir falar em língua estrangeira. Assim pudemos romper o gelo e estabelecer uma amizade. Creon sabia às vezes insinuar uma palavra com sentido duplo e jogar sobre mim algum olhar furtivo que fazia bater meu coração mais depressa.

Numa das primeiras sessões, vi Creon colocar seus instrumentos sobre uma mesa atrás de Kvarta; e, bruscamente, indo procurar um depois o outro, ele parava e estendia seus braços na direção da vestal, fixando sobre ela um olhar inflamado. Em seu esforço, as veias de sua fronte se inchavam.

Eu o olhei espantada. Mas qual não foi meu terror quando vi que Kvarta tinha fechado os olhos e dormia com a cabeça apoiada sobre o espaldar da poltrona de junco.

– Creon! Você é feiticeiro – murmurei. – Por que faz isso?

Rapidamente ele se aproximou de mim.

– Desejo que alguns instantes, ao menos, fiquemos livres desta testemunha incômoda... e eu quero lhe dizer, Licínia, que não posso viver sem você... Tenho sede de beijar seus lábios ao menos uma vez.

Seus olhos queimavam de amor. E antes mesmo de ter tido tempo de lhe responder, ele se aproximou, abraçou-me e beijou-me apaixonadamente.

Depois ele fingiu trabalhar. Declarou que me venerava e acrescentou que se eu correspondesse a seus sentimentos, ele me arrancaria daquela vida terrível do templo. Um de seus amigos o ajudaria nessa empreitada, um sábio hindu que lhe tinha ensinado como fazer dormir Kvarta, e nos daria a possibilidade de fugir. Eu consenti em tudo. Acertamos que ele faria de novo dormir a velha vestal dentro de alguns dias. Creon acordou então Kvarta que, para meu grande espanto, pareceu nem se lembrar de que acabava de dormir.

Assim vivemos ainda alguns entretenimentos parecidos a esse; Creon me anunciou que o hindu nos oferecia um barco para a fuga, assim que ele chegasse a Óstia. Era preciso ter paciência durante alguns meses.

Quando a estátua acabou, provocava a admiração geral. E meu pai, na sua alegria, encomendou uma segunda a Creon, para a casa das vestais. Assim que a obra tivesse terminado, seria transportada ao átrio de meu pai.

– E agora, Supramati, se deseja, eu lhe mostro a estátua.

– Como? Está em sua casa? – exclamou o príncipe, encantado.

– Sim, em minha casa! Você saberá como pude guardá-la, seguindo minha narrativa. Venha.

Nara levantou-se, passou para seu quarto e, perto do grande espelho, apertou uma mola secreta: uma porta se abriu na parede. Ambos entraram em uma peça escura; atrás deles a porta se fechou.

Subitamente uma lâmpada elétrica acendeu no teto e Supramati viu que se achava em uma grande câmara redonda, sem janela. No meio, sobre um estrato elevado, encontrava-se uma estátua em mármore branca inundada de luz elétrica.

Um grito de entusiasmo saiu sem querer da boca de Supramati. Só a mão de um grande artista, dirigida e inspirada pelo amor, poderia ter criado uma obra assim tão perfeita. A vida fremia naquele mármore; os lábios semi-abertos sorriam, e os olhos profundamente cavados davam a ilusão plena de serem vivos, grandes e pretos, fixando as pessoas presentes. Adivinhavam-se as formas clássicas de um corpo jovem sob as pregas finas e leves da túnica artisticamente drapeada, parecendo muito delicada e transparente, lembrando um tecido verdadeiro.

Profundamente emocionado, o coração apertado, Supramati olhava a estátua. Pensava reconhecê-la. Esse mesmo fenômeno já lhe acontecera quando ele vira Hebramar pela primeira vez. Naquele momento as imagens de cidades desconhecidas, casas, personagens diversas vieram a seu pensamento com enorme intensidade...

Esforçando-se por dominar o sentimento de angústia indefinida que o oprimia, Supramati abismou-se na contemplação do rosto da estátua. Sim, era mesmo Nara, traço a traço; apesar disso havia uma certa diferença que o príncipe não conseguia determinar. Nara estava mais magra, sua expressão tinha mudado, e faltava todo o charme encantador que respirava aquele rosto de mármore.

– Nara! É você... e não é você... – balbuciou o príncipe.

Encostada na parede, sonhadora, Nara estremeceu e endireitou-se.

– É verdade! Eu sou Nara, não sou mais Licínia. Meus traços não mais refletem o descuido da verdadeira juventude e eu não possuo o frescor de uma alma virginal, que esqueceu o passado, que ignora o futuro e que, mesmo sob o véu de uma vestal, desfrutou ingenuamente o presente. Hoje em dia, apesar de minha beleza, meus olhos exprimem a amargura da experiência dos séculos vividos. Perdi os dons mais preciosos da vida: fruir o presente e a esperança do futuro. Não esqueço o passado; suas feridas – a dor que ele me fez conhecer – permanecem sempre vivas. Vamos embora... Vou continuar a narrativa porque quero acabar hoje.

– Não seria melhor terminá-la aqui? Vejo uma poltrona e um banquinho. Ficaria contente de me instalar a seus pés. Será duplamente agradável ouvir sua história, olhando esta obra admirável que me parece tão estranhamente familiar e que me encanta.

Um sorriso enigmático errava nos lábios da jovem mulher.

– Fiquemos! – disse simplesmente. – Evoquemos o passado em presença desta testemunha silenciosa, e de todos os acontecimentos longínquos.

Quando se sentaram, ela recomeçou:

Disse-lhe que meu pai tinha encomendado a Creon uma cópia de minha estátua. Mas como desta vez ele trabalhou em um atelier organizado por meu pai, em sua própria casa, Creon e eu não pudemos nos ver facilmente. O amor era então ousado e atrevido. Muitas vezes o escultor vinha fazer uma oferenda à vesta; quando era eu que estava de serviço, nós nos encontrávamos no jardim. Creon chegava à temeridade até mesmo de saltar durante a noite por sobre a barreira interditada; e eu perdi toda a razão, a ponto de violar meu juramento de virgindade...

Enervada por minha paixão, não supunha, absolutamente, que o castigo já estava sobre minha cabeça. Uma rival adivinhou meu segredo. Era Ogulnia, vestal também, tão jovem quanto eu, mas menos bonita e não-simpática pelo seu próprio caráter. Ela tinha inveja de mim desde muito tempo e, para minha infelicidade, apaixonou-se por Creon, se bem que dissimulasse esse sentimento naturalmente.

O ciúme a tornou clarividente. Ela podia adivinhar nos olhares do escultor sua paixão por mim; teria ela conseguido se apossar de um dos rolos de papel que Creon conseguiu passar por duas ou três vezes? Já não mais me lembro. Em todo caso, ela descobriu a verdade, e para me fazer perder mais seguramente, escolheu um aliado duplamente perigoso – um padre conhecido por sua severidade e pelo rigor de sua conduta. Mas uma paixão por mim brilhava no fundo de sua alma. Mais de uma vez vi em seus olhos pretos e duros uma flama que não me deixava dúvida a esse respeito. Mas ele escondia seu sentimento sob a aparência de uma austeridade redobrada.

Uma noite, todos dormiam; como eu meditava e, sozinha, guardava o fogo sagrado, Creon veio me ver. Declarou-me que nossa fuga estava próxima; seu amigo hindu tinha-lhe dito que em 12 dias poderíamos deixar Roma e começar uma vida nova na Grécia.

Feliz, joguei-me em seus braços. Depois nos sentamos sobre um degrau do altar e falamos do futuro. Subitamente ouvimos gritos e tochas iluminaram o santuário. Vi se aproximar de mim a vestal mais velha, Manlius – o padre, Ogulnia e algumas vestais.

Fiquei petrificada de medo. Creon desapareceu nas sombras do jardim. Fui imediatamente presa e fechada em um subterrâneo. Havia sido surpreendida em flagrante num delito pelo qual toda vestal deveria pagar com a vida.

Habitualmente o julgamento tinha lugar no mesmo dia. Mas fiquei prisioneira mais de uma semana antes de comparecer diante de meus juízes. Mais tarde soube que era em decorrência do desaparecimento de Creon; Manlius procurava-o, porque, segundo costume, castigava-se o criminoso no dia mesmo em que sua cúmplice era enterrada viva.

Enfim, compareci diante do tribunal reunido na Régia. Não podia negar meu crime. Ademais, muitos acontecimentos desagradáveis tinham tido lugar em Roma durante as últimas semanas; um incêndio provocado por um raio, a morte de um edil e de muitos cidadãos afogados quando atravessavam de barca o Tibre. Fui declarada culpada de todos esses infortúnios, já que, depois do Grande Sacrificador, era eu quem os tinha causado, servindo à deusa com mãos impuras.

Por unanimidade, fui condenada a ser enterrada viva. Os sacerdotes tiraram meus cintos sagrados de castidade, meu véu e a túnica de pano própria das vestais. Depois me colocaram em uma cela escura onde deveria passar o último dia e a última noite de minha vida na terra!

Nara calou-se por um momento. Seus olhos ensombraram-se e seus lábios tremeram nervosamente. A lembrança daquelas horas de sofrimento a oprimia visivelmente.

Supramati não ousou romper o silêncio. Compreendeu a intensidade daquele sofrimento, pois, passados tantos séculos, Nara ainda era incapaz de falar sobre o assunto sem se emocionar. Silenciosamente ele se inclinou e beijou-lhe a mão gelada.

A jovenzinha estremeceu e se refez.

– Essa fraqueza me toma sempre que evoco na memória a dor que vivi então – disse ela se esforçando por sorrir.

– Não fale disso... esqueça esse episódio – sugeriu docemente o príncipe.

Nara sorriu e sacudiu a cabeça.

– Não. É uma fraqueza boba. Aliás, essa morte civil foi a origem de minha vida imortal. Então continuo.

Depois do jantar o Grande Sacerdote entrou na minha cela e, seguindo a lei, surrou-me cruelmente com vergasta. Ele poderia ser mais misericordioso, mas se vingava em mim da fuga de Creon.

Talvez por isso um favor extraordinário me foi concedido: meu pai pôde vir me ver à noite para me dizer adeus. Ele havia envelhecido 20 anos. Não me reprovou, mas pela primeira vez na vida, eu o vi chorar.

Fiquei violentamente emocionada e, jogando-me

em seus braços, explodi em soluços. A presença da vestal mais velha impedia-nos de falar abertamente. Mas no momento de me deixar, meu pai me apertou mais uma vez a mão sobre seu peito e murmurou de repente em meu ouvido:

– Parta o pão que encontrará no túmulo e espere.

Meu coração se comprimiu. Então tentavam me salvar... Alguma loucura me sugeriu uma esperança, e ela me sustentou na desgraça e apaziguou minha tortura moral e meus sofrimentos físicos. Não fechei os olhos naquela noite, mas o orgulho me deu forças, quando a aurora surgiu e vieram me vestir com a mortalha. Depois me fizeram sair para o pátio e levaram-me sobre uma padiola fúnebre.

À vista do horrível andor preto, do magarefe, dos lictores, e de todo aquele terrível aparato, enfraqueci e soltei um grito de desespero. Então me agarraram, levaram-me numa padiola e eu ainda devia esperar que trouxessem almofadas a fim de abafar meus gritos que não deviam ser ouvidos fora do templo, para não comover o povo.

Mas eu não gritava mais. Não posso exprimir

o que experimentava então. O espírito parecia exteriorizado do corpo; meus ouvidos zumbiam e um frio glacial paralisava meus membros. E, fato estranho, a noite ao redor de mim parecia se dissipar; os tapumes do andor desapareceram e vi o Fórum cheio de uma multidão silenciosa e concentrada. Houve até momento em que percebi toda a procissão fúnebre e a padiola negra onde eu estava encerrada... Depois todas as coisas desapareceram; fraca e quebrantada, eu me revi em minha tumba e senti o balancear regular sobre as espáduas dos carregadores.

Enfim, a procissão parou e fui posta no chão. Quando saí do andor, vi-me no lugar do suplício. Na eminência em que me achava, percebi longe, ao redor de mim, milhares de cabeças, mas o povaréu parecia preso de um terror mudo. Por outro lado eu via tudo como através de uma neblina, como se um grande véu recobrisse meu rosto.

O Grande Sacrificador aproximou-se de mim e, com os braços levantados para o céu, pronunciou as preces secretas próprias àquela cerimônia fúnebre. Depois, tomando a minha mão, conduziu-me ao sepulcro e deixou-me sobre o primeiro escalão da escada que descia profundamente. Em seguida se retirou. Instintivamente afastei o véu que me recobria. Queria ver uma última vez o céu e respirar o ar fresco. Meu supremo olhar caiu sobre o Grande Sacerdote que se afastava com todo o cortejo. Nesse momento eu vi o carrasco que queria me prender pelas mãos e me obrigar a descer. Apavorada, desvencilhei-me e avancei sozinha... Chegando aos últimos degraus, vi uma lâmpada brilhar em meu túmulo, perto de um catre recoberto com um pano preto. Entre a angústia e o desespero, parei. Sentia vertigem; diante de meus olhos a noite se tornava espessa. Eu devo então ter perdido a consciência e caído, pois não me lembro mais o que veio depois. O magarefe retirou a escada e fechou o sepulcro.

Ignoro também quanto durou minha inconsciência. Quando reabri os olhos e pude refletir, vi-me enterrada em um espaço quadrangular, de cinco a seis passos de largura e comprimento. Perto de meu leito, sobre uma mesa de pedra, uma lâmpada brilhava; um grande pão, uma ânfora cheia d'água, um pote de leite e um pouco de manteiga havia ali. O ar abafava, pesado, incomodando a respiração. A cabeça queimava, minhas têmporas latejavam. Despi minha túnica pesada de luto e me livrei do véu.

Depois, com a mão tremendo, cortei o pão. Um objeto duro – um frasco – estava dentro; continha um líquido que me pareceu incolor. Um papiro envolvia o pequeno frasco. Eu distinguia, com dificuldade, as seguintes palavras:

Procure na parede, em frente à cama, um tijolo com um sinal triangular e solte-o da parede. Confie, mesmo se isso lhe tome muito tempo! Se você se sente muito fraca, beba o conteúdo do frasco.

Febrilmente emocionada, mas cheia de uma esperança nova, tateei o muro e encontrei logo o tijolo indicado. Foi muito difícil tirá-lo da muralha... mas por fim consegui. Um vazio apareceu; tirei algumas pedras e abri um nicho profundo, onde vi um grande cesto.

Tremendo, eu o tomei e tirei a cobertura. O cesto continha duas ânforas cheias de vinho, uma outra cheia de manteiga, frutas secas, pão, mel e um grande pedaço de carne assada.

Aqueles víveres seriam suficientes para uma semana, mas eu me perguntei logo como entreteria o fogo da lâmpada. E não morreria asfixiada naquele túmulo, onde já respirava forçadamente?

Não posso exprimir todos os meus sofrimentos, tudo o que passei até chegar à libertação. O ar tornava-se cada vez mais pesado; as provisões diminuíam, a manteiga tocava ao fim, e a salvação prometida não vinha... Os ouvidos tornaram-se particularmente aguçados; parecia-me ouvir ruídos longínquos de golpes, de gritos, de vozes abafadas. O pensamento de que se cavava a galeria subterrânea para chegar até mim me trazia coragem e eu me esforçava para permanecer forte, paciente. Mas as torturas físicas e morais arrasaram enfim minhas forças. Experimentei vertigem, sufoquei, o suor me enfraqueceu; a lâmpada já se extinguia – falta de óleo?... e o socorro não chegava! Evidentemente o projeto do hindu não tinha podido se realizar. E se o frasco que me havia dado contivesse veneno para evitar os terrores da fome, antes de morrer? E o instante chegou quando compreendi que devia me servir daquele meio benfeitor... Minha cabeça parecia espremida num torno de ferro; faltava-me o ar. A lâmpada não poderia queimar mais que uma hora; morrer no escuro pareceu mais terrível!

Num esforço sobre-humano, pois minha cabeça girava a ponto de tornar impossível andar, derramei o resto do vinho numa taça de cristal achada no cesto, juntei o conteúdo do frasco e engoli de um trago.

Pareceu-me que bebia fogo. Todo o meu ser pareceu se dissolver em seus átomos constituintes e caí num sorvedouro negro, sem fim... Não sei o que aconteceu em seguida. Quando voltei a mim e abri os olhos, estava estendida no chão em uma escuridão profunda. Não podia compreender onde me achava. Não me lembrava mais do horrível drama de minha vida e me sentia cheia de forças e energia.

Estendi o braço ao meu derredor... toquei um objeto frio – era a mesa de pedra. Logo a lembrança me voltou e um grito de desespero atroz explodiu de minha boca. Eu não estava morta. O frasco não continha veneno e eu deveria lentamente sucumbir numa morte pavorosa na tumba escura...

Não posso compreender como eu não perdi a razão. Um pensamento único me obsedava – morrer – morrer a qualquer preço, o mais depressa possível! Tentei rasgar um pedaço de minha túnica para me estrangular, quando de repente, ouvi o ruído nítido de golpes batidos no nicho.

Dessa vez não me enganei; retiravam os tijolos da parede; depois foi um jato de luz que penetrou na tumba, e, enfim, as sombras de duas grandes mãos que alargaram a abertura e se mostraram sobre o muro. Era a libertação! A emoção e a felicidade privaram-me da faculdade de falar! Tremendo muito e tomada de uma brusca fraqueza, continuei sentada no chão, olhando o trabalho prosseguir.

Enfim, o nicho foi aberto e um homem passou através da abertura baixa e estreita. Estava vestido com um manto escuro e trazia uma lanterna na mão. Pensei reconhecer Creon e soltei um grito de alegria. Mas quando meu salvador colocou a lanterna na mesa e tirou o capuz que escondia seu rosto, vi um desconhecido cuja beleza majestosa encheu meu coração de um sentimento de entusiasmo e respeito.

O estrangeiro era mais alto que Creon. Seu rosto bronzeado distinguia-se pela pureza clássica de seus traços. Mechas de cabelos espessos e pretos e uma barba curta, ligeiramente ondulada, enquadravam seu rosto. Um brilho difícil de suportar cintilava em seus grandes olhos negros.

Seu mirar deslizou sobre mim com uma expressão estranha, depois me disse numa voz agradável e sonora:

– Pobre criança! Seu suplício acabou! Acalme-se e vista depressa esta roupa que lhe trouxe. Devemos fugir e não podemos perder tempo.

Ele se virou então e eu coloquei rapidamente uma roupa de homem.

– Estou pronta! Mas não sei com o que cortar meus cabelos – disse em voz trêmula.

O estrangeiro se voltou e me olhou sorrindo:

– Um verdadeiro homenzinho – falou ele alegremente. Seria uma pena cortar esses belos cabelos onde os raios da lua parecem passear. Prenda-os na nuca e levante o capuz. Está bom. Agora me siga.

Ele entrou no estreito corredor subterrâneo, onde não se podia andar a não ser curvado. Andamos por muito tempo. Em minha impaciência acreditei que o corredor não mais teria fim. Atingimos enfim uma cabana em ruínas, cuja porta estava fechada.

O estrangeiro tomou em um canto uma pá e fechou com terra a abertura pela qual acabávamos de passar. Em alguns minutos todos os rastros da entrada tinham desaparecido. O desconhecido apagou a lanterna e saímos finalmente.

Encontramo-nos num campo e, o quanto pude julgar, bem longe dos muros da cidade. Era noite e o tempo era assustador. O vento assobiava e uma chuva torrencial caía sobre nós. Avancei penosamente, tropeçando, cambaleando sobre as pedras e escorregando nos mares de água. Então meu guia me tomou nos braços e me carregou.

Depois de uma hora de marcha, atingimos a margem do Tibre, onde nos esperava uma barca coberta, com quatro remadores. Enfim, algumas horas depois, eu subia a bordo de um grande navio rumo a Óstia. O estrangeiro me conduziu a uma cabina mobiliada com luxo oriental. Vi uma mesa ricamente servida de iguarias.

– Restaure-se e depois vá dormir! O repouso lhe é necessário – pronunciou meu salvador, sentando-me numa poltrona macia e enchendo um copo de vinho.

Tomei o vinho e comi. Olhando o desconhecido que me servia, falava e parecia tão alegre, experimentei, à vista de tudo aquilo, um reconhecimento sem limites. Gostaria de me jogar a seus pés, beijá-los e agradecê-lo por ter-me livrado de tão horrível destino. Ele me parecia lindo como um deus! Quando ele sorria, seu rosto se iluminava com uma expressão particular, encantadora.

Quando terminamos o repasto, ele bateu as mãos. Uma jovem negrinha veio logo.

– Esta é sua servente. Ela lhe dará roupas de mulher e estará às suas ordens durante nossa viagem. E agora, até logo! Durma e repouse!

Queria lhe perguntar onde e quando reveria Creon, mas não ousava lhe propor esta questão. Eu o agradecia por todo o bem que me havia feito e segui a jovem negra que me conduziu a uma outra cabina, não menos luxuosa que a primeira. Vesti-me com uma roupa bonita, estendi-me num divã e dormi.

Nossa viagem durou numerosas semanas. Pareceu-me tão longa que me perguntei se eu estava condenada a viajar assim toda a minha vida.

Revi meu salvador três ou quatro dias após a

partida. Ele estava na ponte, quando me foi possível sair da cabina para respirar o ar fresco. Às vezes me convidava a tomar refeições com ele. Muitas vezes nosso navio parou por muitos dias em portos diferentes, mas eu ficava então em minha cabina. Enfim, chegou o momento de deixarmos o barco, viajarmos algum tempo por terra firme, depois subirmos novamente a bordo para continuar em nosso itinerário.

Quanto mais via meu salvador, mais eu escutava sua palavra cheia de ensinamentos que me abriam horizontes novos e largos, e mais eu me sentia irresistivelmente atraída por ele. Eu o venerava. E a imagem de Creon empalideceu cada vez mais em meu espírito. Quando pude ler nos olhos escuros de meu benfeitor que eu também o agradava, meu coração bateu com mais violência. Eu sabia agora que meu salvador, um sábio, habitava Alexandria e Atenas.

E quando um dia ousei enfim lhe falar de Creon, ele me respondeu:

– Ele está a salvo, mas eu não posso levá-la a ele, a menos que me exija e me queira deixar.

E o sábio fixou em mim seu olhar escrutador. Balancei negativamente a cabeça e guardei silêncio. Eu não queria deixá-lo. Parecia-me que, perdendo sua ajuda imediata, cairia logo nas mãos de meus adversários.

Mas houve um dia em que chegamos... À aurora, a negrinha veio me dizer que o senhor me recomendava ficar bem bonita. E a moça tirou roupas e tecidos da canastra que trazia. Nunca tinha visto peças tão lindas e tão finas. Eram tecidos de seda e musselina, costuradas de brilhantes e pérolas. Outras vestes eram ornadas de pedras preciosas de valor incrível – quanta coisa linda estava dentro daquela canastra!

Quando acabei de me arrumar, a negra cobriu minha cabeça com um grande véu transparente e subiu comigo para a ponte. A paisagem que se oferecia à minha visão me arrancou um grito de deslumbramento.

A terra parecia um grande jardim admirável. Nunca havia visto palmeiras e nem poderia imaginar todo o esplendor de uma floresta tropical. Não podia tirar os olhos das grandes flores luminosas, de toda aquela natureza magnífica, da multidão e dos elefantes reunidos na costa. Ao longe via numerosas casas, uma cidade, certamente, e um imenso edifício cujos tetos e cúpulas dominavam as outras construções.

A chegada de meu salvador me arrancou de minha contemplação. Sua veste não era a mesma; em lugar da túnica de linho, ele trazia uma roupa de seda. Ricos colares e braceletes ornavam seu pescoço e seus braços; um turbante de musselina cingia sua cabeça. Um punhal brilhante de pedras preciosas pendia de sua cintura.

Um barco nos conduziu a terra. Em língua desconhecida, exclamações de alegria e gritos nos acolheram; tomamos lugar num palanquim dourado, sobre o dorso de um elefante branco. O pescoço, as pernas, as orelhas e mesmo a tromba do animal estavam ornados de ricos enfeites.

Acreditava sonhar, quando me sentei perto do estrangeiro que começava a considerar como um rei, e a procissão se pôs em movimento. Eu estava de pé, confusa e emocionada com tudo aquilo girando diante de meus olhos; estranha vegetação, homens bronzeados com olhar de fogo, o elefante, o palanquim...

Guardo uma lembrança bem confusa desse primeiro passeio na Índia. Quando paramos diante do grande edifício – um pagode – nossa atenção foi atraída por sua arquitetura estranha, e suas estátuas com pernas e braços múltiplos que me pareceram homens-aranha. Enfim, a única impressão profunda que experimentei foi causada pela vista das bailarinas e dos faquires nus ou mutilados.

Saímos do palanque. Meu benfeitor segurou minha mão e entramos no pagode onde os padres e as cantoras, que eu tomei por sacerdotisas, acolheram-nos. Conduziram-nos ao altar onde queimavam um fogo perfumado; os padres nos aspergiram água, depois nos serviram mel e raiz de açafrão. Meu salvador pôs um anel em meu dedo; depois, levantando-me nos braços, fez três vezes a volta do fogo que crepitava no altar.

Somente minha ignorância e minha emoção me interditaram de compreender que nosso casamento estava sendo celebrado.

Deixamos em seguida o pagode, retomamos nosso lugar no palanque, e nos retiramos para um palácio cercado de um vasto jardim, muito mais luxuoso que o castelo de Naraiana em Benares.

Mulheres me receberam e me conduziram a uma peça esplêndida, mobiliada com um luxo tal, que eu fiquei literalmente cega. Apenas se viam ouro, esmalte, pedras preciosas e tecidos bordados desconhecidos. O parque aparecia através de uma larga arcada esculpida; eram fontes, bosques floridos, borboletas e pássaros, parecendo eles mesmos diamantes.

Tinha vivido na cidade pobre de Roma, crescido na severa simplicidade das vestais. A beleza e o esplendor daqueles lugares produziram sobre mim a impressão de um sonho encantado; eu me perguntava se não estaria morta verdadeiramente na minha tumba, e se meu espírito, perdoado por Vesta, não estaria visitando terras abençoadas!

Anoitecia quando meu salvador entrou em casa. Ele andava depressa e seus olhos brilhavam de um amor não dissimulado. Compreendi mais tarde que ele acabava de presidir um banquete em honra de sua volta e de seu casamento.

Uma só coisa me inquietava – queria enfim conhecer a verdade. Jogando-me a seus pés, os braços estendidos, balbuciei:

– Diga-me quem você é e onde eu me encontro. Diga se estou morta ou se vivo. Que significa tudo o que vejo aqui?

O estrangeiro deu uma gargalhada, alegre e indiferente, como um simples mortal. Levantou-me, fez-me sentar perto dele sobre um divã e disse, fixando sobre mim um olhar que me inflamou toda:

– Está na Índia, minha pátria. Sou Radja Vivachvata e você é minha esposa. Então você não compreendeu que no templo coloquei em seu dedo o anel consagrado e partilhei com você da raiz e do mel santificados?

– Oh, murmurei. Você me escolheu, a mim, uma sacerdotisa indigna e criminosa!...

– O sentimento mais humano e legítimo a arrastou a violar a lei de seu templo, e você expiou seu crime com sofrimentos horrorosos. Creon é mais culpado que você. Eu lhe prometi minha ajuda e lhe aconselhei prudência a respeito de sua segurança, até o dia em que estivesse longe de Roma. Ao invés de seguir meu conselho, ele se abandonou à paixão, a ponto de franquear o recinto do templo e de obrigá-la a violar o juramento de virgindade. Assim ele expunha os dois aos perigos de uma morte infamante. Pude salvá-la, mas com muitas dificuldades; ele está em lugar seguro, em sua pátria, mas a perdeu e merece plenamente esse castigo. Assim então, esqueça o passado que não mais existe.

A justiça do templo de Vesta está satisfeita. A vestal Licínia está morta, mas você, Nara, hoje é minha esposa. Sua coragem, sua obediência e seu remorso a tornam digna de meu amor.

Eu o escutava como se fosse um sonho; a felicidade e a gratidão para com um ser que eu via como uma divindade benfazeja encheram meu coração. Peguei a mão de Hebramar – o sábio de Alexandria e de Atenas – e beijei-a apaixonadamente.

– Hebramar?! – exclamou Supramati, saltando. – O homem que a desposou e o sábio Hebramar que conheci no Himalaia são a mesma pessoa?!

– Sim, a mesma. Visto que você o conhece, compreenderá melhor que meu sentimento por ele foi especial; o respeito e o entusiasmo se constituem igualmente de amor... Mas acalme-se, tome de novo seu lugar e escute o fim de minha história.

Supramati, violentamente emocionado, sentou-se novamente aos pés de Nara. E a jovem mulher prosseguiu:

– Desde esse dia minha vida transcorreu calma,

sem a menor nuvem. Foi como um sonho mágico, cheio de amor e de trabalhos científicos.

Hebramar – eu o chamarei assim, pois que conhece seu nome – instruiu-me nas primeiras noções das ciências ocultas. Creio que jamais um mestre teve aluna mais atenta e devotada. A seus pés, no grande laboratório, eu escutava suas lições e aprendi todas as línguas antigas. Conheço o sânscrito dos Vedas, o assírio, os idiomas os mais antigos da Ásia e do Egito, sei ler os hieróglifos e as inscrições cuneiformes.

Hebramar foi um mestre bom e paciente, mas muito severo. Ele exigia zelo e perseverança. Eu própria deveria fazer tudo o mais perfeitamente possível – todos estamos devendo à Lei da Perfeição. Era-me proibido me impacientar.

Não notei o tempo passar; e enquanto meus estudos se aprofundavam, meu interesse aumentava pelos mistérios revelados do passado e do futuro.

Um dia em que trabalhávamos como de hábito no laboratório, Hebramar apertou-me contra si e me disse:

– Licínia! Não deseja ir a Roma e rever seu pai?

Ele está muito velho. Sua morte se aproxima e eu lhe prometi que a veria de novo antes de morrer.

Meu nome de outrora de repente evocado, e que representava horríveis lembranças, fez-me tremer. Mas o desejo de rever meu infortunado pai me tomou.

– Certamente, gostaria de ver minha pátria e meu pai! Contudo, tenho medo de ser reconhecida e de sofrer de novo o castigo das leis – balbuciei com voz trêmula.

Jamais tinha ouvido Hebramar rir tão abertamente como naquele dia, quando me respondeu com malícia:

– Mas... há quantos anos, segundo você, nós deixamos Roma?

– Dez anos – respondi ligeiramente perturbada.

Hebramar continuava rindo.

– Sua resposta, Nara, prova mais uma vez que o tempo tem asas muito rápidas para aqueles que trabalham... Sabe que 40 anos se passaram desde o triste drama no qual você foi a heroína? Seu pai tem 98 você, 57...

Dei um grito de espanto. Eu era então uma mulher

velha. Contudo não me parecia que eu estivesse mudada.

Olhava Hebramar. Ele parecia sempre o homem de 30 anos que pôde me salvar da morte. Nenhum cabelo branco prateava sua cabeleira negra como asa de corvo. O olhar era cheio de vida ardente, e a elasticidade dos membros dizia da juventude, na plenitude de seu desabrochar.

Hebramar leu meus pensamentos e me respondeu sorrindo:

– Tranquilize-se. A vaidade não a cega, não... você é sempre jovem e bela...

Ele então tirou do armário e me pôs na mão um cristal feito de uma substância desconhecida. Esse espelho era melhor que aqueles dos quais me servia em Roma, todos metálicos. Muito emocionada, olhei minha imagem e me convenci de que não tinha mudado em nada, tanto quanto Hebramar.

– Veja a si mesma; nada tem a temer da Justiça romana – disse Hebramar. – Licínia teria cabelos brancos, seria uma matrona talvez curvada e enrugada, e não uma adorável adolescente de olhar brilhante, nas chispas dos seus 17 anos!

– Que é este prodígio? A ciência possuiria o segredo da juventude eterna? – exclamei, emocionada.

– Virá dia em que isto terá resposta... Agora vá e se arrume... Partimos para Roma em três dias.

Não falarei de nossa viagem. Em Alexandria nós nos vestimos nos costumes gregos. E Hebramar chegou a Roma na qualidade de sábio ateniense, acompanhado de sua mulher Eukharissa. Um empregado partiu antes de nós, alugou uma casa e tudo estava pronto para nos receber.

Imagine meus sentimentos quando atravessei as ruas onde eu tinha sido levada em padiola fúnebre. A impressão produzida por essa lembrança foi tão intensa que desmaiei, perdendo a consciência.

Na manhã de nossa chegada, Hebramar anunciou que meu pai já nos esperava e que eu poderia ir vê-lo à tarde. Entrando em minha casa, vi um velho descarnado sentado em uma poltrona; ele parecia ser um esqueleto vivo. Perto dele estava um outro velho, todo curvado, a barba branca, o rosto todo marcado de rugas. Pareceu-me reconhecer seu olhar, mas não tive tempo de analisar minhas impressões, pois os dois soltaram um grito surdo quando tirei meu véu.

Meu pai ficou tão emocionado que se prostrou em sua poltrona e acreditei que ele iria morrer. Caí de joelhos, abracei-o e cobri-o de beijos. Ele abriu enfim os olhos, tomou minha cabeça em suas mãos e me olhou chorando. Após ter dominado sua dupla emoção – aquela de me rever após tantos anos e de me reencontrar jovem e bonita – ele indicou o outro velho que estava silencioso, apoiado na parede, o rosto escondido entre as mãos.

– Olhe! Você não o reconhece? É Creon – ajuntou ele docemente.

Profundamente emocionada, aproximei-me de Creon, estendi-lhe as mãos e balbuciei:

– Não quer me olhar?

Ele se endireitou e me fixando com uma expressão amarga e desesperada, respondeu:

– É penoso vê-la! Eu sou um velho curvado pela idade... Enquanto os deuses tocados por sua beleza lhe concederam eterna juventude; a dor causada por sua perda embranqueceu meus cabelos e curvou minhas costas; o traidor feliz vivia com a mulher que eu amava, que ele tinha prometido me reconduzir de volta e m'a roubou... Homem sem fé! Ele tinha tudo e levou embora de um infeliz seu único tesouro, condenando-nos, a seu pai e a mim, à solidão completa – terminou ele cerrando os punhos.

– Você é injusto e ingrato – respondi severamente. – Devemos-lhe, os dois, o ter escapado a uma morte vergonhosa e terrível! Se você tivesse sido mais paciente e mais sábio, nós teríamos fugido os dois, eu não teria sido uma criminosa e nossa vida teria sido diferente.

Creon empalideceu e baixou a cabeça. Essa dor silenciosa provocou minha piedade. Aproximei-me dele e abracei-o.

– Esqueça e perdoe o irreparável! Sejamos amigos e agradeçamos aos deuses que nos permitiram o reencontro.

A calma voltou aos nossos espíritos. Meu pai contou que depois de minha libertação, recebeu de Hebramar apenas estas palavras lacônicas: Ela está salva!

Muitos anos se passaram; ele não recebeu mais nenhuma notícia...

Caius, meu irmão, morreu; minha cunhada casou-se de novo. E meu pai, pensando que eu vivia em Atenas, com Creon, e que tinha medo de lhe escrever, partiu para a Grécia e reencontrou o escultor. Creon nada sabia de mim. Teve para com meu pai todas as atenções de um filho devotado. Tornaram-se amigos e viveram muitos anos na Grécia.

Sentindo a morte vir, meu pai quis rever Roma e morrer em sua casa. Veio com Creon, que ninguém reconheceu, pois se haviam passado 30 anos; o antigo drama tinha sido esquecido.

Alguns dias depois de minha primeira visita, Hebramar veio ele mesmo ver meu pai e se reconciliar com Creon, que se tornava cada dia mais fraco e três dias após minha chegada, foi achado morto perto da estátua da Vestal. Ele havia gravado no pedestal:

Criação de minhas mãos, alegre fantasma da felicidade de minha juventude, a ti meu último pensamento! Aquela que talhei no mármore me amava e me pertencia. Seus traços adorados eram minha consolação.

A inscrição ainda permanece visível. Depois da morte de meu pai, e após algumas semanas da morte de Creon, deixei Roma e levei a estátua. Desde então esse souvenir precioso não mais me deixa... A estátua é um elo real que me une fortemente a esse passado...

Nara se calou e lágrimas correram em suas faces aveludadas... Ela reencontrou o olhar triste e dolorido de seu marido e se esforçou por sorrir.

– Você vê, apesar da imortalidade e de todo nosso conhecimento, o coração insubmisso do homem não pode dominar a dor das separações dos seres queridos e das lembranças das duras provas vividas.

– Nara! – pronunciou com voz trêmula Supramati, extremamente pálido. – Sua narrativa evocou em mim sensações, imagens desconhecidas... eu diria quase reminiscências dos sentimentos vividos... mas é caótico, incompreensível... Se você afirma que as almas reencarnam, que elas habitam novos corpos... Você o sabe... Dissipe essas sombras, aclare meu espírito!

Os olhos de Nara brilharam. Ela se inclinou e pôs sua mão sobre a fronte de seu marido. Depois de um instante de silêncio, ela murmurou:

– Creon! Lembre-se das horas de alegria que nós expiamos duramente!...

Um raio pareceu atravessar o espírito de Supramati, um véu pesado caiu de seus olhos.

E, de repente, ele viu o templo de Vesta, o altar onde queimava o fogo sagrado, a silhueta branca da vestal que ele abraçava...

Então ele reviveu toda a felicidade e a angústia do passado. Cismarento, colocou sua cabeça sobre os joelhos de Nara que, docemente, acariciou-lhe os cabelos.

Ele se abandonou à alegria de ter achado novamente, após tantos séculos, sua amante perdida. Uma imensa ventura abria-se diante do casal imortal.

Na manhã seguinte, bem cedo, partiram secretamente para seu castelo na Escócia, escondendo na mais estranha e na mais solitária das naturezas, sobre o rochedo, sempre batido pelas ondas, uma felicidade que não teria limite e que os retirava da própria humanidade.

Fim

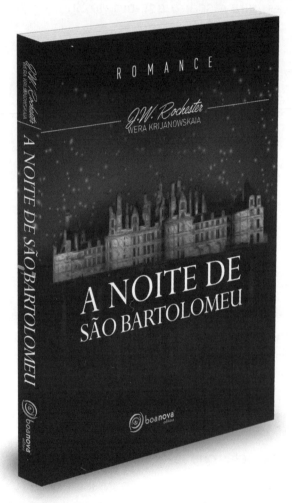

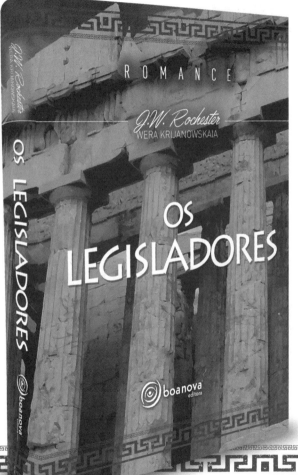